名望、財富與野心

奧修

FAME, FORTUNE, AND **AMBITION**

WHAT IS THE REAL MEANING OF SUCCESS?

OSHO

ONE OF
THE MOST
INSPIRING SPIRITUAL
TEACHERS
OF OUR TIME

「成功」真正的意義
是什麼？

奧修
靈性
智慧
5

Zahir —— 譯

目次

前言 005
第一章 成功只存在於他人的眼裡 009
第二章 品嘗「當下」 057
第三章 金錢買不到你的愛 111
第四章 夢幻與真實 161
第五章 巨大的企圖心 219

前言

人們總是認為籬笆外的芳草比自家的翠綠，因為每個人的注意力都不在自己身上。你被教導的方向並不是你本性要你前往的方向。你目前所前進的方向不是你自己潛能的方向。別人期望你成為某種樣子，你努力成為那個樣子，可是那無法令你感到滿足。而當你不滿意的時候，邏輯會說：也許是我做得還不夠——我需要更努力點。於是你更努力地追逐；然後你觀察周圍的人。而四處行走的人們都帶著微笑的面具、一副開心的樣子，每個人都在欺騙他人。你也同樣戴著面具，所以別人認為你比他們快樂，而你也認為別人比你快樂。

籬笆外的芳草看起來比較翠綠，確實如此——但是雙方都這麼認為。住在籬笆另一邊的人看著你的草皮，也覺得它看起來比較青翠。而它也確實看起來比較青翠、茂密而健康。這都是距離創造出來的錯覺。如果你靠近的話，你會發現情況並非如此。但是人們彼此保持著一定的距離。甚至朋友、戀人之間也保持著一定的距離：太過親密是危險的，因為他們可能會看穿你的真面目。

你從一開始就受到誤導。所以，不管你做什麼，你都會覺得痛苦。

大自然對金錢毫無概念；否則錢會從樹上長出來。大自然對金錢一無所知；金錢純粹是人類發明出來的——它非常有用，卻也非常危險。你看到有些人很有錢，你認為或許是金錢為他們帶來喜悅：看看這些人，他們看起來多開心啊，於是你開始追著錢跑。有些人看起來很健康——於是你開始追逐健康。有些人因為某些事情而看起來非常滿足——於是你跟隨他。

但是你注意的總是別人，這個社會已經設法讓你絕對不會想到你自己的潛能。而你一切痛苦的根源就是因為你不再是你自己了。就是當你自己，然後你不會有痛苦與競爭，你也不會煩惱別人擁有比你更多的東西。

況且，如果你想要讓草坪更綠，你也不需要看著籬笆外別人的草坪；你可以讓籬笆內自家的草坪更青翠。要讓草坪更青翠是如此簡單的一件事情。可是你只會在別的地方到處尋找，所有的草坪看起來都如此美麗——除了你的之外。

每個人都必須扎根於自己的潛能，不論那是什麼樣的潛能，而且，不應該有人給他特定的方向與指導。不論一個人要往哪個方向前進，不論他會變成什麼樣的人，人們都應該支持他。這麼一來，這個世界所擁有的滿足會令人難以置信。

這個世界反對個體性。它反對你成為本然的自己。它只要你成為一個機器人，而當你同意成為一個機器人時，你的麻煩就來了。你不是一個機器人。大自然的意圖，並不是要你成為一個機器人。也因為現在的你不是你本來的樣子，不是你該成為的你，所以你不斷地到處尋找：我少了些什麼？也許我需要更好的家具、更有品味的窗簾、更合適的房子、更體面的丈夫、更得體的妻子、一份更好的工作……你一輩子就這麼匆忙地衝過來撞過去。但是事實上，這個社會從一開始就已經誤導你了。

我的努力是為了要把你帶回自己身上來，然後，你會突然發現你所有的不滿足都消失了。你不需要成為什麼樣子——你，就已經夠了。而且每個人都是充足的。

第1章

成功只存在於他人的眼裡

人們一直不斷擱置一切有意義的事情。我明天會有歡笑的時間；今天，我需要累積財富……更多的金錢、更多的權力、更多的財產、更多的東西。明天我會有時間去愛；今天我沒有時間。但是，明天永遠不會來，然後有一天人們發現這些東西和金錢成為了自己的負擔。他們來到了階梯的頂端，他們除了跳湖之外無處可去。

但是，他們甚至無法對別人說：「不要費盡心思到達這裡；這裡什麼都沒有。」因為這會讓他們看起來很愚蠢。

問題　我一直夢想成為舉世聞名、富有而又成功的人。你能夠說些什麼幫助我實現我的慾望嗎？

不，這位先生，我一點也不會這樣做——我永遠不會這樣做，因為你的慾望是一種自我毀滅。我不會支持你毀滅自己。我可以支持你成長、存在，但是我不會支持你去自殺，我不會為了無意義的東西而支持你摧毀自己。

野心是一種毒素。如果你想成為一個更好的音樂家，我可以支持你，但是不要以為是那種舉世聞名的音樂家。如果你想要成為更好的詩人，我可以支持你，但是不要認為是那種得諾貝爾獎的詩人。如果你想要成為一個更好的畫家，我可以支持你，因為我支持創造力。但是，創造力和名聲、成功與金錢都無關。

如果它們來到你身上，我並沒有說你必須拋棄它們。如果它們出現了，那沒有問題，就是享受它們。但是，不要讓它們成為你的動機，因為當一個人努力獲得成功時，他怎麼可能成為真正的詩人呢？他的能量是一種政治性的能量，他怎麼可能會是富有詩意的？當一個人努力賺錢時，他怎麼可能成為一個真正的畫家呢？他的能量只會放在如何致富上面。而一個畫家必須把他所有能量都放在繪畫上，而繪畫只發生在這個當下。財富或許會在未來某個時刻來臨——它可能會出現，也可能不會出現。但是那不是必要的；那都是一種偶然。成功是一種偶然，名聲也是一種偶然。

但是，巨大的喜悅不是一種偶然。我可以支持你成為喜悅的人；你可以在繪畫時感受到喜悅。不論這幅畫是否會出名，不論你是否會成為畢卡索，這些都不是重點。我可以幫助你的是：讓你在繪畫時，連畢卡索都會開始嫉妒你。當你全然忘我地沉浸在繪畫裡時，那才是真正的喜悅。那是愛與靜心的片刻；那是神性的片刻。神性的片刻就是你渾然忘我的片刻——在那樣的片刻裡，你的界限消失了，在那樣的片刻裡，你不見了，而只有神性存在。

但是我不能幫助你成功。我並不反對成功，讓我再提醒你一次，我並不是說不要成功。我一點也不反對它；成功真的沒有問題。但是我要說的是：不要被它所驅使，否則你會錯過你的繪畫、你會錯過你的詩、你會錯過你現在正在唱的這首歌；然後當成功來臨時，你只會感覺到空虛，因為沒有人能夠因為成功而感到滿足。「成功」無法滋養你；它沒有養分，成功不過就像是熱空氣而已。

前幾天晚上，我正在讀一本關於薩默賽特・毛姆（Somerset Maugham）的《毛姆語錄》（*Conversations with Willie*）。這本書是毛姆的侄子羅賓・毛姆（Robin Maugham）所寫的。薩默賽特・毛姆在他當時的年代是最有名、最成功也是最富有的人，但是這個回憶錄揭露了一些事情。羅賓・毛姆是這樣描述他那出名又成功的叔叔薩默賽特・毛姆：

> 當他在世時，他絕對是最有名的作家。然而，最可悲的是……他對我說：「你知道，我就要死了。而我一點也不喜歡這個想法。……」而當他九十一歲，他說：「我是一個很老的傢伙，但是，年老並沒有讓我對死亡更從容以對。」

毛姆富有且舉世聞名，即使他很多年沒再寫出半個字，但是他九十一歲時還能夠持續賺入大量的金錢。書的版稅以及書迷的信件仍然從世界各地湧入。毛姆的侄子接著寫道：

我問他：「你生命中最快樂的記憶是什麼？」他說：「我根本想不起來任何一個片刻。」我環顧客廳四周，到處都是珍貴的家具、畫作以及藝術品，這些都是因為他的成功而獲得的。他的別墅以及其中那令人驚嘆的花園——座落在地中海邊一個絕美的地方——價值六十萬英鎊，而且他還有十一個私人僕佣，但是他並不快樂。

……他說：「你知道的，如果我死了，他們會從我身上拿走一切，每一棵樹木、整棟房子、每一樣家具。我甚至連一張桌子都帶不走。」

他非常的傷心，而且他在顫抖著。

他沉默了一陣子……然後說：「我這一輩子是徹頭徹尾地失敗了。我希望我從來沒有寫下任何一個字。它有為我帶來什麼嗎？我的人生失敗了，現在要改變也太晚了。」然後淚水開始出現在他的眼裡。

成功能夠為你帶來什麼呢？現在，毛姆這個人白活了。他活了九十一歲，他應該是個滿足的人，心滿意足。但是，成功所能帶來的只有如此；財富所能夠帶來的只有如此：一棟巨大別墅與僕人所能夠帶來的，也僅僅如此。

當人生蓋棺論定時，名譽與聲望都不重要。在生命最終結算時，唯一重要的是你如何活出生命中的每一個片刻。它是喜悅的嗎？它是慶祝的嗎？你會因為小事而感到幸福快樂嗎？洗澡、品茶、拖地板、在花園中閒逛、種樹、與朋友聊天、靜靜地坐在你摯愛的人身邊、或是看著月亮、或是傾聽鳥叫的聲音，在這些片刻裡，你感到快樂嗎？每一個片刻是否都蛻變成為燦爛的幸福？每一個片刻是否都散發著喜悅的光芒？這才是真正重要的。

你問我是否我可以幫助你實踐你的慾望。不，完全不，因為那樣的慾望是你的敵人，它會摧毀你。遲早有一天，你會在挫折中哭泣，然後說著：「現在要改變已經太遲了。太晚了。」

現在還不算晚；你還可以做些事情：你可以從根本之處改變你的生活。我可以支持你去經歷煉金術般的改變，但是我不能保證給你世俗價值觀裡的任何東西。我能夠保證的是內心世界裡的成功；我可以讓你富裕，像諸佛一樣地富裕——只有成佛的人才是富裕的。那些身邊只有世俗之物的人並非真正的富有；他們其實是貧窮的，他們的富裕是一種自欺欺人。內在深處他們是個乞丐。他們不是真正的帝王。

佛陀來到一個城市，這個國王猶豫著是否要去迎接他。他的首相說：「如果你不去迎接他，就讓我辭職，我不會再為你服務了。」國王說：「為什麼？」因為他是一位不可或缺的首相，沒有他，國王一定會不知所措，他是國王權力中心真正的關鍵人物，所以國王問：「為什麼呢？你為什麼這麼堅持？為什麼要我去迎接一個乞丐？」這位年老的首相說：「你才是乞丐，而他是國王，這就是原因。你需要去迎接他，否則，你不值得我為你服務。」

國王不得不去，所以他很勉強地去了。然而當他見過佛陀回來之後，他雙手碰觸這個年老首相的雙腳向他說：「你是對的，他才是國王，而我是一個乞丐。」

生命是很奇特的。有時候國王是乞丐，而乞丐卻是國王。不要被這些外表所欺騙，向內看。當心帶著喜悅而脈動時，它是富足的；當心與道(Tao)、與自然、與生命的終極法則和諧一致時，它是富足的。當你落入整體的和諧裡時，心就是富足的；這是有史以來唯一的富裕。否則，總有一天你會哭泣著說：「太晚了……」

我無法幫助你毀掉你的生命。我在這裡是為了提升你的生命。我在這裡是為了豐富你的生命。

問題

有時候我有一種感覺，我現在已經成熟到可以進入世界，我現在可以去做一些事情，就像是那句話所說的：「一個女人該做些什麼，她就必須去做。」走出去，進入廣大的世界，賺很多錢，讓人們留下深刻的印象，並且名垂青史。

我花了很多時間，待在這個有許多靜心者圍繞在你身旁的社區裡，我很高興我這麼做了。但是現在當我比以前更了解什麼是真正的靜心時，所有這些對於名利的幻想都出現了。

為什麼我不能只是坐下來，平靜地待在當下，沉浸在每天沐浴在我身上的愛裡？我真的是如此地盲目嗎？

我不想讓你覺得受傷，但事實是：你仍然是盲目的。有各式各樣的人來到我這裡。大多數的人都是偶然來到這裡的；他們並不是帶著一個清楚的視野來到這裡。當他們來到這裡之後，他們開始參與靜心活動，感受到我的存在以及散發在我周圍的愛。所以他們留下來了，但是在他們的無意識深處，他們多年來的慾望仍然活躍著。所以，表面上看起來他們感覺很好，但是表面是薄弱的。任何一件小事都能夠打開潘朵拉的盒子，而所有你認為已經消失的慾望都還在那裡，甚至比以前任何時候都更強烈。這就是現在發生在你身上的情況。

你說：「有時候我有一種感覺，我現在已經成熟到可以進入這個世界。」請不要欺騙你自己，當你成熟到可以進入這個世界的那一天，我會告訴你的。你現在還拿不到證書；你進入這個世界的時機還沒有成熟！

但是，頭腦就是這樣地狡猾。頭腦想要進入世界並不是因為你已經成熟了，而是因為所有那些被壓抑的感覺希望能夠被實現：「我現在可以去做一些事情。」做些什麼事情呢？「一個女人該做些什麼，她就必須去做。」

而且非常奇怪的是女人該做的事情竟然是：「走出去，進入廣大的世界，賺很多錢，讓人們留下深刻的印象，並且名垂青史。」

到底是名垂青史還是付諸東流呢？結局不是什麼有趣的事情。名垂青史的意思就是：到你的墓地去。歷史只會記錄那些已經死去的人。你的想法很奇怪……「一個女人該做些什麼，她就必須去做。」我從來沒有這樣想過。不論女人該做些什麼事，她都可以在這裡進行。為什麼要進入廣闊的世界呢？

「賺很多錢。」你要錢做什麼呢？創立慈善信託機構嗎？錢不能吃，你也不能光靠金錢來生活——而且你所說的並不是生活所需的錢，而是很多的錢。你可曾想過你所指的「很多錢」是什麼意思呢?它有任何限度嗎?因為「很多錢」可以有許多不同的意思。而且你要如何去賺很多錢呢?就只憑著做「女人該做的事情」嗎?

別傻了!外面有許多愚蠢的女人,她們正在做著她們該做的工作,賺很多錢,並且準備好名垂青史。你有一個奇怪的慾望……你遲早會死亡,或許你的名字會留在歷史上。但是,那是非常困難的事情。在這個星球上曾經有過多少女人?而又有多少女人曾經名留青史呢?況且那些曾經在歷史上留下名字的女人也不值得效法。

像是埃及艷后,她之所以名留青史是因為她是當時最美麗的女人,可是她出賣自己的身體給每一位征服埃及的人——凱撒(Caesar)、安東尼(Anthony),或任何人其他人。她唯一的防衛方式就是出賣她的身體,她一定是這個世界上最優秀的妓女。你認為她的意識曾經綻放過嗎?還是她實現了她的個體性嗎?她不過是幾個將軍之間被拋來拋去的一顆足球而已。來了一位將軍,她獻出她的身體,然後另一位將軍來了,她也準備為他獻身。當然,她依然是埃及皇后,她仍然擁有很多錢,她也做了一切「女人該做的事情。」

這類醜陋的人物不是你效法的對象。她只有肉體是美麗的，但是她的心靈必然是卑賤的、粗鄙的。在愛之中，你可以付出一切——你的身、心、靈，而那會是一種偉大的經驗。但是為了金錢或權力出賣你的身體是這個世界上最卑下的事情。

況且，當大家對你留下深刻的印象時，你會因此而得到什麼呢？在這裡，我可以建議人們：「對這個女人印象深刻。」他們會很享受這個遊戲，而對你感到印象深刻。每個人會來對你說：「你真是不得了！埃及豔后根本不算什麼！」

但是在外面的社會，你打算如何打動人呢？你有什麼天賦好讓這個世界對你留下深刻的印象呢？詩歌、雕塑、繪畫……所有這些領域的競爭是如此的激烈。而在這裡一切都非常簡單，你可以站起來告訴人們：「我內在有一份想要讓你們印象深刻的強烈慾望。請你們仁慈點，對我印象深刻吧！」只要這樣就夠了！每個人都會對你留下深刻的印象！而你不需要去做任何「女人該做的事情。」

你說，「所有這些對名利的幻想都出現了。為什麼我不能只是坐下來，平靜地待在當下，沉浸在每天沐浴在我身上的愛呢？我真的是如此地盲目嗎？」

你的盲目源自於你那些被壓抑下來的慾望。你還沒有清理過你的心。你來了這裡，但是你在自己的周圍設下了一層防護，而在那個防護底下全都是蛇、蠍、蜘蛛和蟑螂。每個靜心者的第一件事情就是清理這些部分，然後在乾淨的土地上種植玫瑰，否則總有一天，這些蛇蠍和蟑螂會開始宣示自己的主權，然後它們會毀掉你整座美麗的玫瑰園。但是即使如此，你也沒有損失任何東西——你只需要開始清理。

一個靜心的人既不是男人也不是女人，因為靜心跟身體無關；它也跟你的頭腦無關。在靜心裡，你就只是純粹的意識，而意識既不是男性也不是女性。

當你領悟到意識的那一刻，你所有對於金錢、名利、權力、令人印象深刻以及在歷史上付諸東流等等的慾望都會完全消失。

你還沒有清理好地上的雜草就開始種植玫瑰。現在這些雜草遮掩了你的玫瑰；這些雜草已經長高了。你之前在灌溉玫瑰，但是雜草卻搾取了所有的水分、所有的肥料、所有的照顧。而且你要記住，雜草要遠比美麗的玫瑰來得有力量。它們會讓你的玫瑰花慢慢地衰竭，摧毀你的玫瑰，然後整座花園只會剩下凋零的玫瑰以及手足舞蹈的野草。每個園丁都知道要先清理土地，拔除所有原本的根；所有以往留下來的草以及雜草都必須被連根拔除，不讓它們再長出來。唯有如此，細緻的花朵才能夠成長。

靜心是存在中最精緻的花朵。你開始在培養這朵花，卻從來沒有想過這些老鼠、蟑螂和蠍子。它們都還在那裡，它們現在正抬頭以示抗議。它們全都是政客——而且是非常厲害的一群！

科學家說在人類的歷史上，只要有人類的地方就會有蟑螂。反之亦然，只要有蟑螂的地方，你可以推論附近必定有人類。蟑螂是如此深愛著人類；人類似乎找不出擺脫牠們的方法。我聽說即使在登陸月球的火箭上，太空人也發現了蟑螂的存在。即使各處都經過充分的照顧，但是蟑螂還是有辦法跟著人類上月球。

不過，現在為時還不晚。開始清理你的土地。而且你有著一切所需的能力與才能，你曾經體驗過心中美妙的寧靜。雖然表層底下有著陰謀存在，但是你曾感受到喜悅。而現在你頭腦中潛藏的陰謀正試圖說服你，讓你相信你已經準備好了：你現在不需要擔心這個世界，你可以進入其中。但是為了什麼呢？一個靜心圓滿成熟的人從來不會想要擁有很多錢或是名垂青史，或是「一個女人該做些什麼，她就必須去做」。這是一種奇怪的想法，它是從哪裡來的？看起來像是你自己的特殊貢獻。

現在大家都已經聽說過你了，我希望他們能夠對你感到印象深刻！他們享受這一點，而你也享受。這其中沒有任何害處，所以每個人都應該去找這個提出問題的人，向她鞠躬，並且告訴她：「你真是令我印象深刻。我的老天！我不了解你在這裡的時候，人們為什麼還需要談論埃及艷后？」

為什麼要名垂青史呢？你只要在這個社區裡逛逛就可以了！

這是哥倫比亞廣播公司（CBS）在伊朗人質情況最緊張時所播出的深夜新聞。新聞廣播員播報著：「最新消息插播。其中有好消息與壞消息。首先播報好消息：拉奎爾・韋爾奇（Raquel Welch）表示願意用自己來換取人質，柯梅尼（Ayatollah Khomeini）已經接受此項條件。壞消息是：泰迪・甘迺迪（Teddy Kennedy）正開車送她到機場。」

（註：拉奎爾・韋爾奇是一位性感艷星，泰迪・甘迺迪是一位性異常變態狂。）

避開這種像柯梅尼或泰迪・甘迺迪的人。你所有的慾望都可以從這裡的人身上得到滿足。「一個女人該做些什麼，她就必須去做。」那到底是什麼的事情呢？你為什麼不在這裡進行呢？如果你想讓人感到印象深刻，你就是去讓人們印象深刻，我周邊的人都擁有足夠的慈悲。即使你不是很漂亮，他們也會說你很美，只因為你有一種獨特的美。

就歷史而言，你可以著手編寫一本世界歷史，然後你讓自己在其中成為史上最偉大的女英雄。你為什麼要等待其他歷史學家來撰寫呢？而且你還不知道他們是否會紀錄你的事蹟？在這裡，我們有很多善於言詞的人可以撰文，他們可以寫下你的歷史。能夠有你在此實在是一件令人喜悅的事，因為這個極其特別的女人在還活著的時候就已經名垂青史了。我們可以編寫自己的歷史；實在沒有必要讓別人來做這份工作。一本優美的史書，外面用生絲做封套，裡面還有你最美的照片。我們不需要印製很多份，只需要有幾份能夠在世界各地跟我有連繫的地方流通就夠了，我們可以送到每一個中心和每一個社區去：「這是每一個靜心者必讀的歷史。」我們可以輕易辦到這些事情。

在外面的世界，我擔心你會變得孤單。你也許會成功，也許不會成功。而在這裡，成功是一項絕對而肯定的事情。

問題　「成功」的真正意義是什麼？當你談論成功的時候，有時聽起來像是你在反對它！

我既不反對任何事情，也不贊成任何事情。無論發生什麼事情，讓它發生。人們不需要去選擇，因為選擇是痛苦的。如果你想要成功，那麼你會繼續痛苦下去。你可能會成功，也可能不會成功，但是有一點是絕對的：你會一直感到痛苦。

如果你想要成功——你也因為意外和巧合成功了，那是無法滿足你的，因為這是頭腦運作的方式。任何你所擁有的都會變得毫無意義，而且頭腦會開始驅使著你。它想要的東西會變得越來越多——因為頭腦它什麼都不是，它就只是純粹的慾望罷了。而慾望是永遠無法滿足的，因為無論你擁有些什麼，你總是想要更多。而在你「已經擁有」和

「想要更多」這兩者之間的距離是永遠不變的。

這是人類經驗中永恆不變的事情之一：一切都會改變，但是在你「已經擁有」和「你想要擁有的」這兩者之間的距離是永遠不變的。

愛因斯坦說：時間的速度永遠保持不變——這是唯一的常數。而佛陀則說：頭腦的速度保持不變。事實上，頭腦和時間並非兩回事——它們是相同的，它們是同一個東西的兩個名稱。

所以，如果你想成功，你或許會成功，但是你不會感到滿足。但如果你不會因此而感到滿足的話，那成功有什麼意義呢？你或許會成功，但那只是個偶然的意外；而你失敗的可能性則更大，因為不是只有你一個人在追逐成功，還有數以百萬的人在追逐成功。一個擁有六億人口的國家只有一個人可以成為總理，但是六億個人都想要成為總統或總理。只有一個人會成功，其他所有人都會失敗。就數學而言，你失敗的可能性更大。失敗似乎比成功更為明確。

如果你失敗了，你會感到灰心；你的人生似乎完全浪費掉了。如果你成功了，你永遠不會真的成功；而如果你失敗了，你就是失敗了——這整個遊戲就是如此。

你說你認為我反對成功——不，我不反對。因為如果你反對成功，那麼你又有了另外一個關於成功的想法，那就是：如何放棄這個想要成功的愚蠢行為。這麼一來，你又會有另一個想法……這又是另外一個距離，另外一個慾望。

其實，這就是讓人們進入修道院或成為和尚的原因。因為他們反對成功，他們想要擺脫這個競爭的世界——他們想要逃離這一切，好讓他們不會經歷到挑釁，也不會有誘惑；他們可以休息在自己的內在。所以，他們試著不去渴求成功——但是這也是一種慾望！他們現在有的是一個靈性上的成功概念：如何成功地成佛，如何成功地成為基督。再一次，這也是一個想法，這也是一個慾望，它有著一定距離。所以這整個遊戲又再度開始。

我不反對成功：這就是為什麼我在這個塵世裡，否則我也會逃離。我不贊成也不反對成功。我會說讓你自己就像是浮木一樣，不管發生什麼事，就讓它發生。不要做出你的選擇。無論迎面而來的是什麼，歡迎它。有時候來的是白天，有時候來的是黑夜，有時候來的是幸福，有時候來的是不快樂——你就是不作選擇，單純地接受所有一切的發生。

這就是我所說的靈性品質。這就是我所說的宗教意識。它既不贊成也不反對，因為如果你贊成的話，你遲早會反對它，而如果你反對的話，你遲早會贊成它。當你贊成某些東西或是反對某些東西的時候，你已經把存在一分為二。你已經做出了選擇，選擇就是地獄。「不選擇」就是從地獄裡解脫出來。

就是讓事情自然的發展。而你只需要繼續的移動，享受任何來到你眼前的事物。如果你成功了，享受它；如果你失敗了，享受它。因為失敗也會帶來一些樂趣，而那是成功無法帶來的。成功也會帶來一些喜悅，而那是失敗所辦不到的。而一個毫無概念的人能夠享受一切的發生。如果他健康，他會享受健康；如果他生病，他就在床上休息，享受生病。

你曾經享受過生病嗎？如果你不曾享受過，那你就損失大了。就是躺在床上什麼也不做，不需要擔心這個世界，每個人都關心你，你突然之間變得像個國王一樣——擁有大家的體貼、傾聽和愛。而你沒有什麼要做的，你完全不需要擔心這個世界。你只需要休息。你可以傾聽鳥鳴、傾聽音樂，或者稍微閱讀一下，然後打個盹睡覺。太美好了！生病有它自己的美。但是，如果你認為自己必須永遠健康，那麼你會覺得很痛苦。

痛苦源自於我們的選擇，而喜樂來自於我們的不選擇。

什麼是成功真正的意義？我的觀點是：如果你能夠允許自己平凡，你就成功了。

有一個病患跟他的朋友抱怨說：「我讓這個精神科醫生治療了一年，花了我三千美元。然後他告訴我，我康復了。這真是了不起的康復！一年前，我還是林肯（Abraham Lincoln），現在，我什麼都不是。」

這是我對成功的看法：當一個平凡人！你不需要成為林肯，你不需要成為希特勒。就是當一個平凡的普通人，那麼生命對你而言會是無比的喜悅。就是讓自己是單純的，不要給自己製造複雜的事物。不要創造出索求。不論事情如何發生，把它當成禮物一樣地接受，同時樂在其中。數以百萬計的喜悅正灑落在你身上，但是因為你那需索無度的頭腦，讓你看不見它們。你的頭腦是如此急切於成功，它要你成為某個特別的重要人物，結果你錯過了所有身旁的光輝。

讓自己平凡就是非凡。讓自己單純就是回歸自己的家。

但是事情總是與此相反：當你聽到「平凡」這個字眼時，你馬上感覺到一種苦味——平凡？你，平凡？或許別人是平凡的，但是你絕對是特殊的。每個人的頭腦裡都有這種瘋狂的症狀。

針對這一點，阿拉伯人有一個笑話。他們說當神創造人的時候，祂會在每個人的耳邊低語說：「我從來不曾創造出一個像你這樣的男人，或是像你這樣的女人——你是特別的。所有其他人都是普通人。」

祂持續地和人們開著這個玩笑，因此每個人來到這個世界上時都帶著這些鬼扯話：「我是特別的，連神都說我是特別的，所以我必然是獨一無二的。」你可能嘴巴上不會這麼說，因為你認為這些平庸的人無法理解；不然，為什麼要說呢？沒有必要再說些什麼。為什麼要給自己製造麻煩呢？但是你自己知道，而且你非常確信這一點。

所以每個人都面臨同樣的處境：神不只是對你開了這個玩笑，祂也對每個人開了同樣的玩笑。或許祂現在已經不再自己這麼做，而是讓電腦程式重複對每個人播放相同的句子。

如何詮釋這個字眼完全取決於你。「平凡」這個字眼有著其重大的意義，不過那是因人而定！如果你能夠了解……樹木是平凡的，鳥兒是平凡的，雲朵是平凡的，星辰是平凡的。這份平凡就是他們不會變得神經質的原因；這份平凡就是他們不需要心理醫生的原因。它們很健康；充滿了能量與生命力。它們是平凡的！沒有任何一棵樹木會瘋狂地努力競爭，也沒有任何一隻鳥兒會在乎誰是世界上最有勢力的鳥——沒有任何一隻鳥對這種事情感興趣。牠只是單純地做牠自己的事，同時享受在其中。但是，這些都取決於你的詮釋。

一個父親為了要培養他的孩子，所以他帶著自己的小男孩去大都會歌劇院。一開始先是指揮帶著指揮棒走出來了，然後女主唱出場了，她開始唱頌詠嘆調。當指揮揮舞他的指揮棒時，小男孩說：「爸爸，那個男人為什麼要打那個女人呢？」

父親說：「他不是在打她，他是在指揮。」

男孩問：「唔，如果他沒有打她，那為什麼她會大喊大叫呢？」

任何你在生活中所看到的都是你的詮釋。對我來說，「平凡」這個字眼有著無比的意義。如果你傾聽我的話語，如果你聽到我所說的話，如果你了解我，那麼你會希望自己是平凡的。況且，成為平凡的並不需要努力與掙扎，因為它已經在那裡了。

這麼一來，生命裡所有的奮鬥和衝突都會消失不見，而你就只是享受來到你眼前的生活，享受生命的開展。你享受童年，你享受青春，你享受老年——你享受你的生命，你也享受你的死亡。你享受一年中所有的四季，每個季節都有它自己獨特的美，每個季節都能夠為你帶來它本身的某種喜悅。

問題

在一個美好的日子裡，愛在空中嗡嗡作響，連小熊維尼也忘記了牠遍尋不著的一罐蜂蜜而坐了下來。當他睜開眼睛時，他驚訝地看見身邊堆滿了許多滿溢著蜂蜜的罐子，讓他吃都吃不完。

那天晚上，當他滾進依唷家裡時，他的全身黏膩，卻全然滿足地沉醉在他發現的蜂蜜裡，依唷帶著一副智者的眼神看著他並且對他說：「蜂蜜總是在那裡，但是唯有當你不去找尋時，你才會找到它。」

小熊維尼認為他了解了。但是幾天後，當他鬼祟地從眼角瞄出去時，他發現沒有任何蜂蜜！他甚至嘗試坐下來大聲說：「我沒有在尋找任何蜂蜜！」但是當他睜開眼睛時，蜂蜜仍然沒有出現。

我該如何放下我的貪婪和期望，而只是待在當下呢？

（註：依唷〔Eeyore〕是小熊維尼故事中的驢子，角色性格悲觀、過度冷靜、自卑、消沉、消極。）

是的，這是最根本的問題之一。當你不注意的時候，蜂蜜無處不在。當你開始尋找時，它卻突然消失了。這是一個偉大的真理。當你開始尋找它的時候，你變得緊張；當你開始尋找它的時候，你變得全神貫注，你變得封閉與狹隘。唯有當你敞開時，蜂蜜才可能會出現，它不會出現在封閉、狹隘的狀態下。只有當你在各方面都富足洋溢時，蜂蜜才會洋溢在你身旁。

尋找意味著你把焦點放在某個特定的方向上。當你不尋找、不追求的時候，你向四面八方敞開，你對所有向度都是敞開的，你對整個存在是敞開的。

但是麻煩的是如果有人告訴你不要尋覓，即使你說：「好，我不會努力去尋找。」但是無意識的努力仍然會持續進行著。即使你試著不去尋找，但是這仍然是一種尋找的努力。

這是一個非常根本的問題，佛陀說：「當你無慾時，你所有的願望都會實現。」所以有一天一個和尚問：「你說當人們無慾時，他所有的願望都會實現。而我只有一個慾望那就是無慾。所以我該怎麼辦呢？」渴望無慾本身仍然是一個慾望；它們仍然在同一個向度上。不論你渴望的是金錢、權力、聲望，還是你渴望無慾，這其中根本沒有區別，只不過是你慾望的目標改變了而已；慾望仍舊還是慾望。有問題的是慾望，而不是你慾求的對象。

如果你渴求金錢，大家會說你世俗、功利。但如果你渴求神性，大家會說你有靈性、超凡脫俗、具有宗教情操。但是，對那些真正了解的人而言，這其中沒有任何差別：你仍然是世俗的。不可能有些慾望是世俗的，而有些慾望是脫俗的。慾望本身就是世俗的，沒有所謂脫俗的慾望。

神性是慾求不來的——如果你慾求，你就錯過了。如果你尋找，你不會找得到。你越是尋找，你會變得越是痛苦。不要慾求，不要尋覓，就是待在當下，就是待在這種無慾無求的態度裡，而不是內在仍然想著：「幸福必然就要來臨了，因為我現在不再尋找它了。」因為這麼一來，你還是在同樣的牢籠裡。

你提出的問題是你該怎麼做：「我該如何放下我的貪婪？」但是，你為什麼要放下你的貪婪呢？到底是什麼原因讓你要放下你的貪婪呢？在那背後必定有著一種貪婪：想要達到神性、涅槃、成道，想要達成這個和那個，各種不同的垃圾與蠢事。

成道是一種發生；它不是你慾求可得的。有一天當你發現所有的慾望都消失時，成道就發生了。它一直都在那裡，但是慾望讓你看不見它。慾望像簾子一樣地遮蓋了你的雙眼，你失去了你的清晰，你看不到真相。當你想要某樣東西時，你怎麼能夠看到真相呢？當你期待獲得某樣東西時，這份期望不會允許你看到真相，期待已經把你帶到了未來。

你想要美女，於是你開始幻想，然後你會因為這個幻想而錯失正在你眼前的女人——因為這個幻想，所以你看不到她。這個幻想持續不斷地把你帶離這裡。

你問：「我該如何放下我的貪婪？」我則是想要問你為什麼想要放下貪婪。然後突然間你會發現那些隱藏在背後的貪婪。貪婪背後的貪婪背後的貪婪，這不會有幫助的。

所以，我不會告訴你如何放下貪婪；我會告訴你如何去了解它。透過了解，它會自己慢慢放下，而不是由你來放下它，因為你做不到。你本身就是貪婪，所以你要如何放下貪婪呢？你本身就是慾望，所以你要如何放下慾望呢？你就是這場追逐，所以你要如何放下這些追逐呢？這個「你」是你所有瘋狂行為的核心。你問該如何放下貪婪，但是是誰提出這個問題？是這個「我」提出問題。這個「我」現在甚至想要擁有神性，這個「我」想要成道，這個「我」不只想要這個世界，它還想要那些屬於超越性的部分。這個「我」變得越來越神智不清。

就是了解。你不需要放下任何東西。人無法放下任何東西。就是試著去了解。了解貪婪。了解貪婪運作的方式。了解貪婪是如何帶來越來越多的痛苦，越來越多的挫折。了解貪婪是如何持續地為你以及你的未來創造出新的地獄。它持續不斷地創造新的地獄，所以當你到達那裡時，一個新的地獄已經在那裡等著你了。就只是看著貪婪的本質和現象，而不要想著如何放下它。因為如果你想要放下它，那麼你無法看到其中某一部分的貪婪，那個想要放下貪婪的貪婪，會持續留在黑暗中不為人知。

不需要思考這些話語，就只是試著去了解。這就是蘇格拉底所說的「認識自己（Know thyself）」。認識自己不表示你需要靜坐下來反覆背誦：我是靈魂，我是神。不，不是這個意思！「認識自己」意味著不論情況如何，就是一層一層地深入它，顯露它，好讓你有所了解。來到你最深的底層，來到最深的根源。一層一層的看，直到有一天你看透所有的層面……

這些層面就像是洋蔥一樣。你一層一層地剝開洋蔥，你也像那樣剝開自己，像剝洋蔥一樣一層一層地剝開自己。每當你剝開一層時，你會看見更新鮮的一層，你繼續剝下去……然後有一天，你會完全剝盡，你的手中會只剩下空無。而在那樣的空無中，貪婪早已消失不見；在那樣的空無中，成道發生了；在那樣的空無中，神性出現了。這個空無是神性。

所以，你與其問我如何放下貪婪，你不如問我如何了解貪婪。這整件情況只取決於一件事：了解。當你對事物的了解是充分而完備時，它帶來解脫。

那就是耶穌所說「真理帶來解放」的意思。當你知道貪婪的真相時，你就解脫了。當你知道性慾的真相時，你就解脫了。當你知道任何事物的真相時，你就已經擺脫了它的束縛。知就是自由；不知就是束縛。

所以，不要問如何放下你的貪婪。不需要著急。事實上，在它脫落之前，深入其中觀照它；否則，你會永遠錯失那份了解。如果在你了解貪婪之前，你就放掉了它，你會一直錯失某些部分。而這就是為什麼你永遠無法放下它，它會緊抓著你不放，它會一直緊抓著你直到你終於了解它。當你曾經深深地看過它，沒有任何遺漏時，那麼你就看透了貪婪的運作方式以及它作用時的狡猾之處。

現在，這個問題就是貪婪的狡猾之處：「如何放下它？」那就是小熊維尼所碰到的問題，他以為他懂了……「但是幾天後，當他鬼祟地從眼角瞄出去時，他發現沒有任何蜂蜜！」除非你完全了解貪婪的真相，否則你也只是鬼祟地從眼角瞄一下而已。

「他甚至嘗試坐下來大聲說：『我沒有在尋找任何蜂蜜！』」你也會說同樣的話語，事實上你說過許多次：「我沒有在追尋喜樂，我沒有在追求成道。奧修說涅盤是最終的惡夢，所以我不作任何追尋。」然後你鬼鬼祟祟地從眼角瞄出去，你在找尋，你在等待，然後你說：「這是怎麼回事？奧修說過：『當你放下所有的慾望時，它就會發生。』可是它卻沒有發生！」你還不曾放下這個慾望。

我堅持這麼說：「你沒有辦法放下慾望。」我堅決強調這一點。有一些導師們會說：「放下！」而我不說放下，因為我知道你放不下。沒有人能夠放下，甚至連佛陀都沒有辦法放下。它只有在佛陀了解的那一天時，自己自然地放下了。

如果是你放下了某些東西，那麼你的自我會變得膨脹：「我放下了。」然而自我是慾望的根源！它會創造出新的貪婪；它會找到新的途徑，它非常地有創意。也由於自我的這個特性，你沒有辦法發現那是什麼。也由於自我過度的創造，你會錯過那真實的部分。它總是會找到其他的方式從後門回來。所以不要問如何放下它。我在這裡不是為了幫助你放下它，而是幫助你了解它。如果它還在那裡，那只顯示了一件事：那就是你還沒有真正的了解它，你還沒完成你的功課。做你該做的功課，不要急著放下它。就只是看著，觀照著。

觀照生活上的各種小事。你在路上走著；一輛車子經過了。就是看著你自己：有一些貪婪出現了。當你說那輛車很漂亮時，一個想要擁有它的細微貪婪已經升起了。當一個美女或是一個俊男經過時，你突然間出現了一個佔有這個人的慾望。

每當你看到什麼東西，比如說一個很美的孩子，一個深厚的慾望出現了：你應該也要有一個像這樣子的孩子。但是事實上，如果你深入洞悉你的慾望，你會發現想要懷孕的慾望已經出現了。在你內在最深層的地方，慾望已經在那裡了。雖然表面上你只說了：「多美的孩子啊，但願我也有一個像這樣的小男孩。」表面上它看起來很單純，你只是讚美這個孩子而已，但是內在深處，卻有許多事情在發生著。

生活上的各種小事……你在吃東西，你知道你的食慾已經滿足了，但是你依然繼續吃。觀照，然後你會發現貪婪就在那裡。你現在不是因為飢餓而吃，你是因為貪婪吃而吃。某一天當你在靜心裡經驗了某個美妙的經驗：一陣微風來到你的存在裡，突然間有一種光亮、一種芬芳，你隨著這陣芬芳搖曳著，然後它消失了。現在，你希望這個經驗能夠出現在你每天的靜心裡。然後你覺得挫折，而你越是感到挫折，它就越不可能出現。那扇窗戶永遠不會再打開，而它越不打開你就越是嚮往。然後你變得痛苦：為什麼它不再出現了？

我曾經觀察過很多靜心的人，上千個人。當他們第一次深入靜心時，那樣的瞥見立刻消失了，消失好幾個月。然後他們會來問我：「到底怎麼了？我看到了某些東西，那是如此地美妙，為什麼它消失了？我做錯了什麼嗎？」你沒有做錯任何事情，你只是變貪心了。當它第一次出現時，你並沒有任何貪婪之意，因為你根本不知道它，所以你怎麼可能會貪圖它？它是不可知的；它是出乎意料的。它就這樣發生了，而你在無意間偶然經驗到。現在，你仔細觀察。它在你不作任何追求的時候出現——之前你並不知道這種經驗，因此你不可能尋找它。它是自己發生的。現在你要求它發生；你要求某種當你不要求時才會出現的東西，你給自己創造了這整個麻煩，貪婪出現了。

有時候，有的人已經非常地接近開悟(satori)的狀態，非常地接近，但卻因為貪婪而走錯了方向。

所以，保持觀照。在你吃飯的時候，觀照。早晨醒來時，你知道睡眠已經結束，但是你還是想要賴床小憩一番，那就是貪心。如果你的身體感到鮮活，你感覺良好，而疲憊感已經消失，那麼，就是觀照。貪婪無所不在——吃飯、睡覺、靜心，它隨處可見。

有一天，你和你的女人或男人在做愛，而它是如此地狂喜而忘我。現在你開始產生嚮往，你想要重複經驗它，但是那樣的狂喜卻不再出現。你覺得難過。你不知道發生了什麼事，不知道自己哪裡做錯了：「為什麼我無法達到那樣的高潮？」你永遠不可能再度達到那種狀態，因為你現在開始在尋找它。當它第一次發生時，你並沒有尋求它。

這是一項很基本的法則：事情是自然發生的，而且事情是依照它們自己的方式發生著；你沒有辦法操控它發生。所有重要的事件都無法由你所操控，它們超越你的掌控。你頂多只能允許它們發生；你頂多只能敞開大門，讓事情發生，但是你沒有辦法迫使它們發生。

如果你強迫的話，不會有任何事情發生。你可以繼續跟你的伴侶做愛卻不會有任何發生；事實上，你會開始對整件事情感到噁心。你會開始痛恨這個女人；你會開始痛恨這個男人。你會認為對方欺騙了你，然後你開始去尋找另一個女人或另一個男人，你會到別處去尋找，因為這裡不可能再有什麼發生了。然後你會懷疑這整件事情是否真的發生過，還是只是你的想像：「這個情況怎麼可能會出現在我和這個女人身上？而現在什麼也沒有。」你甚至會懷疑曾經發生過的經驗。

人們來找我說：「我在靜心裡已經有好幾個月沒有任何事情發生了。」他們開始懷疑自己當初的經驗是不是一種想像？那不是一種想像，它確實發生過。只不過是現在他們想要它發生，於是他們開始想像，並且在自己周圍創造了一個概念。

所以該怎麼做呢？你需要觀照頭腦一切的模式，不論是貪婪、慾望、野心、嫉妒、佔有、操控——你需要觀照每一件事，而它們全都相互關聯著。記住，如果貪婪消失了，忿怒也會消失。如果忿怒消失了，嫉妒也會消失。如果嫉妒消失了，暴力也會消失。如果暴力消失了，佔有也會消失。它們全都糾纏在一起，事實上，它們是同一個輪子上的輻條，而支撐著它們的中樞就是自我。所以，觀照自我作用的方式。

觀照，觀照，觀照……然後有一天，它突然不在了。只剩下觀照者存在。而這個純粹觀照的片刻就是蛻變發生的片刻。

問　題　貪婪是什麼？

貪婪就是努力讓各種東西填塞自己——那可能是性，可能是食物，可能是金錢，可能是權力。貪婪是你對於內在的空虛的恐懼。當一個人害怕空虛的時候，他就會開始想要佔有更多的東西，他不斷地往內在填塞東西，好讓他可以忘掉他的空無。

然而忘掉一個人的空無就是忘記真實的自己。忘掉空無就等於忘記神的道路。忘掉自己的空無是人類在這個世界上所有行為中最愚蠢的一項。

可是為什麼人們會想要忘記它呢？因為我們攜帶著人們灌輸的一個概念：空無就是死亡。但它不是！這是社會流傳下來的一個錯誤觀念。社會在這個觀念上做了很多的投資，因為如果人們不貪婪的話，我們所知道的這個社會就無法生存下來。如果人們不貪婪的話，還有誰會去瘋狂追逐金錢與權力呢？如此一來，整個以權力為取向的社會結構就會崩潰瓦解。如果人們不貪婪的話，誰會稱呼亞歷山大為「大帝」呢？人們會稱他為「荒謬的人」而不是「大帝」，稱呼他為「蠢人」而非「大帝」。還有誰會說那些一直不斷佔有財物的人是值得尊敬的呢？誰會去尊敬他們呢？他們會成為大家的笑柄：這些人真是瘋了，他們簡直浪費生命！而且，誰會去尊敬國家的首相或總統呢？人們會認為他們有神經病。

如果希特勒、墨索里尼、邱吉爾以及類似的這些人被認為是神經病，而沒有人注意他們的時候，這個世界會真的很美妙。整個政治結構會垮台，政客之所以會存在就是為了得到越來越多的注意力。那些政客就像孩子一樣；他尚未長大成人。他要每個人都在他的控制之中，他要每個人都崇拜他，他要每個人不斷傾聽他、注意他。

注意力令人陶醉；那是世界上最強的毒藥。光是想像一下你經過全鎮，而沒有一個人注意到你，連狗都不對你吠叫；沒有人注意你，甚至連狗都不理你；人們忽略你，連狗都忽略你，沒有人覺得你是重要的！你會有什麼樣的感受？你會覺得糟透了——沒有人對你說：「嗨！早安。你要去哪裡？你好嗎？」人們根本不看你。就好像你成了隱形人，沒有人能夠看見你。也因為沒有人能夠看到你，所以不會有人對你說：「你好！」當沒有人注意你的時候，你會有什麼樣的感覺？你會覺得自己像是一個不存在、微不足道而沒有價值的人。那感覺起來像是死亡一樣。

因此，每個人都在尋求更多的注意力。就算他無法因為成名而獲得注意力，他至少可以因為惡名昭彰而得到注意力；就算他無法因為聖賢而得到注意力，他至少可以因為謀殺而得到注意力。

心理學家說，基本上許多兇手之所以會犯下謀殺事件，沒有其他特別的理由，他們只是為了得到注意力而已。當他們犯下謀殺罪，他們的照片會被刊登在報紙的頭版，他的名字會用粗體字強調。他會出現在電視畫面上、收音機的廣播裡，他們出現在各個地方；他們成為某種特殊人物。他們至少可以享受幾天這種出名的感覺；全世界都會認識他們，他們再也不是什麼無足輕重的人。

只要想像一下一個毫不貪婪的世界——在那裡有錢人會被視為神經病，政客會被視為神經病。而那些一直渴望獲得注意力的人會被視為智障。而且當人們不再貪婪時，我們會有一個全然不同、更為美好的世界。當然，人們會有較少的私人財產，但是人們會擁有更多的喜悅、更多的音樂、更多的舞蹈、更多的愛。人們的家裡或許不會有很多財物，但是每個人卻會更有活力。現在的我們為了這些小玩意不斷地出賣我們的生命力。家裡的小玩意不斷地累積，但靈魂卻不斷地消失；機器變得越來越多，而人類靈魂卻越來越消失。

當這個世界不再貪婪的時候，人們會彈吉他、吹笛子。人們或許會安靜地坐在樹下靜心。當然，人們還是會做一些事情，但是他們只做絕對必要的工作。人們的需要仍然會得到滿足，但是需要不是慾望：慾望是不必要的；需要則是必要的。慾望永無止盡。需要卻是單純、且能夠被滿足的。慾望不斷地索求更多的東西。它們不斷地要求獲得更多你已經擁有的同樣東西。你已經擁有一輛車子了，慾望說你該要有兩輛車；除非你擁有雙車位車庫，否則你只是無名小卒。你已經擁有一棟房子，慾望說你應該要有兩棟房子——至少在避暑勝地也要有一棟房子。然後當你擁有兩棟房子時，慾望說你要有三棟房子，一棟在避暑勝地，一棟在海邊……就這樣沒完沒了地持續下去。

有一天，派迪在花園挖土時看到腳上有一隻小動物。當他舉起鏟子正要打死牠的時候，卻很驚訝地聽到牠說話了。

「派迪，我是魔法精靈。放了我，我會答應你三個願望。」

派迪說：「三個願望？好！」於是他一面想一面大聲說：「嗯，我現在挖土挖得很渴。我想要一瓶黑啤酒。」

魔法精靈手指一彈，派迪發現他正握著一瓶黑啤酒。

魔法精靈說：「那是個魔術瓶子，它永遠不會空，啤酒會一直不斷湧出來。」

派迪開心痛快地大飲一口。

魔法精靈問：「派迪，你的另外兩個願望是什麼？」

派笛想了一下說：「我想要再兩瓶這種黑啤酒，拜託你了。」

那不會有什麼用處，但是事情就是這樣在發生……你已經有好幾千萬，遠遠超過你所能夠使用的數目，但是你還想要更多，而且永遠不滿足。需要是微小的：是的，你會需要食物、住處、你需要一些東西。但是每一個人的需要都能夠被滿足；這個世界足以滿足每個人的需要。但是慾望的話……那是不可能滿足的。慾望無法被滿足。而且由於人們試圖去填補自己的慾望，而讓上百萬人口的需要無法獲得滿足。

不過基本上，貪婪是一種靈性上的問題。你曾經被教導：除非你擁有許多東西，否則你是沒有價值的，而且你會感到害怕。所以每個人都不斷地填塞自己。但是這是沒有任何用處的；它頂多只能帶來短暫的慰藉，很快地你又會再度感到空虛，然後你又再度去填塞它。

而且，內在的空無是通往神性的門。可是你卻被教導：一個空無的頭腦是魔鬼的頭腦或者是魔鬼的工廠。這些人們所灌輸的話語根本就是胡扯。一個空無的頭腦是通往神性的大門，一個空無的頭腦怎麼會是惡魔的工廠呢？在那樣一個空無一物的頭腦中，魔鬼會全然死亡。魔鬼的意思就是頭腦；一個空無的頭腦就是無念(no-mind)。

而貪婪是人們最根本的問題之一。你必須知道為什麼你會有貪婪：因為你想讓自己一直保持忙碌。你的財物越來越多，你不斷地持續忙碌著、操勞著。你可以因此全然忘記你內在的世界；你會不斷地說：「再等一下！等我得到這個東西之後，我就會開始注意你。」

然而死亡總是在你的慾望獲得滿足之前來臨。即使你活了一千年，你的慾望也永遠無法獲得滿足。

在印度，我們有一則很美的故事：

亞亞提大帝即將去世，因此死亡來了……這是一則古老的故事，在那個時代，事情都很簡單，而且來世也不太遠。所以，死亡來了，它敲了門，亞亞提大帝打開門說：「什麼？我才活了一百年，而你已經來了，連聲通知也沒有！你至少要再給我一些時間，我還沒有實現我真正的慾望。我一直拖延著，明天、明天、明天，可是現在你已經在這裡了，已經沒有明天了。這實在太殘忍了！仁慈點吧！」

死亡說：「我必須帶一個人走，我不能空手回去。但是看到你的痛苦，你的年老，所以我會再給你一百年。可是你的某一個兒子必須跟我走。」

亞亞提他有一百個兒子，還有一百個妻子，所以他說：「這簡單！」

但是事情並非他想像的那麼簡單，他找來了他的一百個兒子，詢問哪一個願意跟死亡一起離去：「救救你年邁的父親！你們說過很多次：『父親，我願意為你而死。』現在是你們證明這一點的時候！」

但是這種話語總是說說而已，那只是一種禮貌而已。他的兒子們互相望著彼此。有些人七十歲，有些人七十五歲，有些人則是六十歲；他們也都年老了。其中最年輕的一個只有二十歲。

這個最年輕的兒子站起來說：「我願意走。」所有的人都無法置信！他的九十九位哥哥沒有辦法相信；他們覺得他是傻瓜。他根本就還沒有活過，他才二十歲，他才剛剛來到人生的起點而已。連死亡也為他感到不捨。

死亡把他帶到一旁，在他的耳邊小聲說：「你是傻瓜嗎？你的哥哥們都不願意——他們已經活得夠久了，有些人甚至活到七十五歲了都還不願意走。你準備好了嗎？你父親已經一百歲了都還不想死，你才二十歲而已。」

這個年輕人說了一段非常美、非常有意義的話：「我的父親已經一百歲了，他擁有人們所能夠擁有的一切，但是他仍然不滿足。在這個情況下，我看到生命的徒然。這有什麼意義呢？我或許能夠活到一百歲，但是結果還是一樣。而且，如果只有我父親如此的話，我或許會認為他可能是個例外。但是我七十五歲、七十歲還有六十歲的哥哥們，他們都活了很長一段時間，他們已經經歷過各種享受；現在還有什麼其他要享受的呢？他們都老了，但他們卻仍然覺得不滿足。所以有一件事是確定的：這不是一種能夠讓人滿足的方式。所以我願意走，我並非因為絕望而跟你走，而是因為了解而跟你走。我非常開心可以跟你走，這麼一來我不需要經歷這些折磨，不需要像我父親一樣經歷一百年的折磨。他還沒有準備好跟你走。」

故事繼續著，又是一百年過去了，時光來了又走了，沒有人注意到這些歲月。死亡再一次來敲門。當死亡敲門時，亞亞堤這才意識到一百年又過了。他說：「可是我還沒準備好！」

這種情形一直繼續著，每一次都是他的某一個兒子跟著死亡離開，亞亞堤活了一千年。這真是一個富有象徵性的故事。一千年後死亡來了，它說：「現在你有什麼想法？」

亞亞堤說：「我跟你走。夠了就是夠了！我終於了解在這裡沒有任何事情能夠獲得滿足。慾望不斷滋長：你滿足了一個願望，然後十個慾望會接著出現，這個過程永無止盡。我現在願意跟你走，我現在可以說：我那個二十歲、第一次就跟你走的兒子是明智的。我才是愚笨的，我花了一千年才領悟到這一點，而他二十歲的時候就已經了解這一點了。他真是聰明！」

如果你夠聰明的話，你會看出貪婪的徒然。如果你夠聰明的話，你會開始去生活，而不是準備去生活。貪婪就是準備著要去生活。但是你可以不斷地準備下去，而真正開始生活的時機卻永遠不會到來。如果你夠聰明的話，你不會為了明天而錯失今天，你不會為了另外一個片刻而犧牲這個當下的片刻；你會全然活在這個當下。你會汲取這個當下所具有的每一分汁液。

耶穌對他的門徒說：「不要去想明天。」他的意思其實就是：「不要貪婪」——因為當你思索明天的時候，你會變得貪婪。是貪婪讓你開始思考關於明天的事情。耶穌對他的門徒說：「看看田裡的百合花，它們的奧祕是什麼？為什麼它們如此地美麗？甚至連雄偉的所羅門王都沒有它們出色。」其中的奧祕是什麼？這個奧祕很簡單：它們從不思索明天；它們活在當下。這個當下是一切的一切。沒有任何其他的東西在它之前，在它之後。那些百合全然地享受著這個當下。」

貪婪的意思就是把你的生命延遲到明天。

試著看到自己的貪婪。貪婪可以有許多不同形式：它可以是世俗的，它也可以是非世俗的。保持覺知！它甚至可能會以這種形式出現：「這一世沒有什麼值得我活下去了，所以我要為來世做準備。這個世界沒有什麼值得我繼續活下去了，所以我要為天堂做準備。」而這就是貪婪！

你們所謂的聖人，其中百分之九十九是貪婪的人，他們比那些你在商場上看到的人還更貪婪。那些商場上貪婪的人其實並不那麼貪婪；他們的貪婪很平凡，他們想要更多的財富——而那很平常。你們的聖賢，你們的聖者說：「這些都是短暫的。我們尋求的是某種永恆的事物；我們要的是永恆的事物。為了永恆，我們可以犧牲這些短暫的事物。」這其中最主要的一個動機是：從他們的眼角瞄出去，他們等待的是天堂。在那裡，他們會開始享受。在那裡，他們會讓那些在塵世裡忙碌的傻瓜們知道：「你看，我們早就跟你說過，我們早就警告過你。現在你必須在地獄裡受苦，而我們會享受這所有天堂裡的喜悅。」這就是貪婪，只要有貪婪的地方就不會有天堂。貪婪就是地獄：不論那個貪婪是世俗的，還是非世俗的。

看到那個貪婪中的愚蠢。我並沒有要你「放棄」。注意我所說的話，我說的是：看到那個貪婪中的愚蠢。當你看到它的時候，貪婪會消失，而你的能量會變得自由。你的意識不再被金錢、權力、名聲所糾纏與套牢。你的意識是自由的，而自由的意識是最大的歡慶。

第2章
品嘗「當下」

每一個慾望都來自於過去，而每個慾望都被投射到未來。你的頭腦是由過去與未來所構成的。如果你分析頭腦，解剖它，你只會發現兩件事情：過去和未來。你甚至不會找到絲毫的現在，甚至連一個原子都沒有。然而，「現在」才是唯一的真實、唯一的存在、唯一的舞蹈。

問題　為什麼我總是做著關於未來的白日夢？

每個人都做著這同樣的夢。人類頭腦的機能就是做白日夢的。除非你超越這個頭腦，否則你會持續做著白日夢。頭腦無法存在於當下。它只能夠存在於過去或未來。待在當下，你就不會有頭腦。

試試看！在一個寧靜的片刻裡，沒有思緒穿越你的整個存在、穿越你的意識，當你意識的螢幕是完全清澈無雲時，然後突然間你來到了當下。就是這個片刻，一個個真實的片刻、實相的片刻、真理的片刻。在這個片刻裡，沒有過去也沒有未來。

一般而言，時間被分為三個時態：過去、現在與未來。這種區分基本上是錯誤且非科學化的……因為現在並不屬於時間的向度。只有過去和未來是屬於時間的向度。現在是超越時間的，現在就是永恆。

過去與未來是時間的一部分。過去是那個已經消失的，而未來則是那個尚未發生的。兩者都是非實存的，而當下就是現在正在發生的。真實的存在不可能是非實存裡的一部分。它們不會相遇；它們絕對不會有所交會。而且時間屬於頭腦；你的頭腦是所有一切過去的累積。

你的頭腦是什麼？分析它；透視它。它是什麼？它不過是你過去所有經驗堆疊、累積而成的。你的頭腦只不過就像毯子一樣；它緊抓、封存著你的過去，除此之外，它什麼都不是。如果你漸漸把你的過去從被封存的袋子裡拿出來，這個袋子會消失不見。

如果，這個頭腦所擁有的只是過去，那麼這個頭腦能做什麼呢？其中一種可能性就是它持續不斷地咀嚼，一次又一次地咀嚼過去。而那就是你們所謂的記憶、回憶、懷舊之情。你一次又一次地往回走，一次又一次地回到過去，回到那些美好的片刻裡、回到那些快樂的片刻裡。那些片刻極為稀少，而且彼此間隔遙遠，可是你抓著它們不放。你迴避那些醜陋的片刻、痛苦的片刻。

但是你無法一直持續這樣下去，因為那是徒勞無益的；這種行為似乎是沒有意義的。所以頭腦創造了一些「有意義」的行為——那就是做關於未來的白日夢。

頭腦說：「沒錯，過去很美好，但是它已經過去了；你無法對它做任何事情。但是未來還沒有來，所以你可以對未來做些事情。」於是你從過去的經驗裡選擇那些你想要再度發生的部分，你丟棄那些痛苦、難過的經驗，那些你不想在未來重複的經驗。你對於未來的夢不過是一種修改後的過去，更好的安排，更多的裝飾，更為愉悅宜人，痛苦少一點，歡樂多一點。這就是你的頭腦不停在做的事情，而這種方式卻讓你不斷錯過真實。

「靜心」指的是當你不在頭腦中的那些少數片刻；當你滑出頭腦之外的那幾許片刻。那時候你落入真實裡，來到當下。這些實存的片刻是如此地令人感到喜悅，一旦你曾經品嚐過那種滋味，你就會停下做白日夢。

除非你開始嘗到靜心的滋味，否則你會繼續做白日夢。除非你得到靜心的滋養，否則你會一直感到飢餓，並且渴望從未來得到一些食糧。可是你知道未來不會為你帶來食物，因為今天是昨天的未來。而昨天也曾經是未來，你也曾經做過關於它的白日夢。現在它就在這裡。但是有任何事情發生嗎？你感到快樂嗎？昨天也曾經是未來；某種程度來說，所有的過去都曾經是未來，而它們已經溜走了——你的未來也會溜走的。你只是在白日夢裡愚弄自己而已。

變得更覺知一些，試著把你的意識越來越帶入那些實存的事物裡。當你看著這朵花時，不要去想關於它的事情。傾聽我正在說的這個字句，而不是我即將要說的字句。看著當下。即使你只延遲一個片刻，一個短暫的一刻，你仍然錯過了。然後那會變成是一種習性，一種根深蒂固的習性。明天你依然會錯過，後天也一樣，因為你保持不變。不只是如此，你白日夢的習性會變得更嚴重。

前幾天晚上我正讀到一則很美的日本故事。全世界都有類似的民間故事。這個故事很美，傾聽它。

從前有一個石匠。他的工作很辛苦，而且勞動量很大，但是他的工資卻很微薄，所以他感到不滿足。

有誰會滿足呢？連皇帝都不會滿足，更何況是一個石匠？他的工作確實很辛苦，而酬勞又極為微薄。

因為這份辛苦的工作，他悲嘆地喊著：「天啊，我希望我是有錢人，好讓我能夠躺在絲綢的沙發上休息。」這時候，一位天使從天堂下來對他說：「你是你所說過的話語。」

而且事情確實這樣發生著——不只是在寓言故事裡，也在真實的生活裡。不論你對自己有什麼樣的想法，事情就會這樣發生。透過你的思想，你創造了自己的世界；透過你的慾望，你創造了自己的世界。不論你堅持些什麼，它就會開始出現。現實一直配合著你，它一直等待著你開始配合它的那一刻、那一天。而在那之前，它會不斷地配合你。

天使說：「你是你所說過的話語。」於是他變得富有，也真的躺在絲綢的沙發上休息。然後這個國家的國王經過，他的馬車前方有騎兵，後方也有騎兵，而國王的頭頂上方還有金黃色的遮陽傘。

當這個有錢人看到這個景象時，他覺得懊惱，因為他的頭上沒有金黃色的遮陽傘，所以他覺得不滿足。他悲嘆地喊著：「我希望自己是個國王。」天使又來了，說：

「你是你所說過的話語。」

然後他變成了國王，有許多騎兵在他的馬車前方，還有騎兵在他的馬車後方，還有金黃色的傘在他的頭頂上方遮陽，可是太陽炙熱的光線烤焦了土地，草地上的幼苗都枯萎了。國王抱怨太陽曬傷了他的臉，它的力量超過了他，所以他覺得不滿足。他悲嘆地喊著：「我希望我是太陽。」天使又來了，他說：「你是你所說過的話語。」

於是他變成了太陽，他指揮著光線往上、往下、往右、往左，四面八方地照耀著，他烤焦了地球上的草苗以及國王的臉。

然後有一朵雲停在他和地球中間，然後太陽的光線被雲朵反彈回去，他極為生氣，因為它的力量受到阻擋。他抱怨雲朵的力量超越了他，他覺得不滿足。然後他希望自己是那一朵雲；強大而有力。於是天使來了說：「你是你所說過的話語。」

於是他變成了一朵雲，讓自己位於太陽和地球之間，他擋住了陽光，於是青草長成綠地。雲下起大雨，落在大地上，河水暴漲成災，沖走房子，洪水也摧毀田地。他撲向岩石，岩石並不屈服，他把大水沖濺在岩石上，但岩石並沒有屈服在他的威力之下，他流水的力量白費了，因此他覺得不滿足。

他喊著：「那石頭的力量超過了我的力量。我希望我是那顆石頭。」天使來了，他變成了那顆石頭，不論陽光照射還是下雨，他都不為所動。

然後，來了一個人，他帶著一把十字鎬、一把鑿子和一把沉重的槌子，他在這顆岩石上鑿石，岩石說：「這個人怎麼可能有著比我還巨大的力量？他竟然從我的身上鑿石。」於是他覺得不滿足。

他喊著：「我比他虛弱。我希望我是那個人。」天使從天堂下來說：「你是你所說過的話語。」

於是他又再度是個鑿石工人；他辛苦地在岩石上鑿石，他的工資微薄，而工作辛苦，但是他是滿足的。

我不同意這個結局。這是我對這則故事裡唯一不同意的地方；不然這是一個很美的故事。我不同意這個結局，因為我了解人類——人們不可能這麼容易就感到滿足。這一次循環是結束了，某種程度來說，這個故事來到了一個自然的結尾。但是真實生活裡的故事不會有任何自然的結尾，循環會再度開始。

那就是為什麼在印度我們把生命稱為「轉輪」(the wheel)，它一直不斷地轉動，一直不斷地自我重複。就我看來，除非這個鑿石人成佛，否則故事一定又會再度重演。他還是會覺得不滿足，然後渴望有一組絲綢的漂亮沙發，然後繼續同樣的事情。但是如果這個鑿石人真的滿足了，那麼他會跳脫出這個生死的轉輪，成為一個佛。

這就是不斷發生在每一個頭腦裡的事情——你渴望一樣東西，它發生了，但是當你得到的時候，你會發現自己仍然不滿足。又有一些其他東西讓你覺得痛苦。

這就是你需要了解的地方——慾望沒有被滿足時，你覺得挫折；但是就算慾望被滿足了，你還是不會感到滿足。那就是慾望不幸的地方，即使達成了慾望，你也不會覺得滿足。因為突然間很多其他的慾望會跟著出現。

你從來不曾想過當你是一個國王，前後都有騎兵，頭頂上還有金黃色的遮陽傘，而太陽居然會熱到灼傷你的臉。你從來沒有想過事情會是如此，所以你夢想成為太陽，然後你如願成為太陽了。可是你從來沒有想過關於雲的事情。現在雲在那裡，證明了你的無能。然後事情就這麼不斷地持續下去，像是海洋中的波浪一樣……永無止盡——除非你了解，並且跳脫出這個轉輪。

生命只在此時；生命只在此刻。天堂就在這裡，神就在此刻。如果你在白日夢裡尋找它，你的尋找是枉然的，因為天堂只存在於你深深的滿足中。

你的頭腦不斷對你說：「做這個，成為那個。擁有這個，擁有那個……如果沒有這些東西你怎麼會快樂呢？你必須擁有皇宮你才會快樂。」如果你的快樂是有條件的，那麼你永遠不會快樂的。如果你不能因為你本然的樣子而感到快樂——就是當一個鑿石匠……我知道勞動者非常的辛苦，工資又少，而且生活艱難，這些我都知道，但是如果你無法因為你本然的樣子而感到快樂，即使生活是這種狀況，如果你無法感到快樂的話，你永遠都不會快樂。

除非你覺得快樂，而且是沒有任何理由的快樂；除非你能夠瘋狂到毫無理由的快樂，否則你永遠都不會快樂。你永遠會找到某些事物來摧毀你的快樂。你總是會發現自己少了些什麼，缺了些什麼。而那些少了的東西會變成你的白日夢。

而且你不可能達到一種讓自己擁有一切的狀態。就算那是可能的，然後，同樣的你還是不會感到快樂。看看這個機械性的頭腦就知道了：當每件事物都在你面前時，你馬上就會感到無聊。現在，接下來要做什麼呢？

我聽說過這麼一件事情，而我認為這是可能的，就是那些上了天堂的人們覺得很無聊。這是來自可靠的消息來源，你可以相信它——他們坐在許願樹下，而且他們很無聊。因為當他們說些什麼的時候，天使會馬上出現，實現他們的願望。在他們的願望與滿足之間沒有任何空隙。他們想要一位像埃及豔后般的美女，馬上她就在那裡了。然後，你要拿這個埃及豔后怎麼辦呢？那沒有意義的，他們覺得無聊。

在印度的故事中，有許多關於天神（deva）在天堂覺得無聊而開始渴望來到人間的故事。在天堂裡他們擁有一切，而當他們在人間的時候，他們嚮往著天堂。他們可能曾經是偉大的苦修行者，他們曾經放棄紅塵、女人與一切而上了天堂。但是當他們上了天堂之後，他們卻開始嚮往人間的世界。

我聽說過：

一架新噴射機的飛行員正飛過卡茨基爾（Catskills）的上方，他指著一處宜人的村莊給他的副駕駛看。

他問著：「你看見那裡嗎？當我還是個光著腳的孩子時，我經常坐在那個平底船上釣魚。然後每次當飛機飛過時，我就會抬頭看著上方，夢想自己正在架駛那架飛機。而現在當我往下看，我卻夢想著自己在釣魚。」

他現在已經成為飛行員。一開始的時候，他只是個貧窮的男孩，釣著魚，每當飛機在上空呼嘯而過時，他會往上看且夢想著：有一天，如果可能的話，我要成為一位飛行員。那令人激動的廣大天空、那些風、這麼浩瀚……他一定不停地夢想著，他也一定覺得自己是不幸的：一個貧窮的小男孩，在一艘普通的船上釣魚。

然而現在他卻對他的副駕駛說：「現在每當我往下看，我卻夢想著自己在釣魚。」

一個美麗的小湖，坐落在村落的中心點，還有著美麗的樹木、鳥鳴，以及靜心般放鬆地釣魚……現在他一定在夢想著如何退休，如何擺脫這個飛行的工作。

事情就是這樣不斷地繼續著，當你沒有名氣時，你想要出名，你因為大家不認識你而感到難過。你走在路上，沒有人看著你，沒有人認出你。你覺得自己像是一個微不足道的人。

於是你努力工作讓自己變得有名，然後有一天你成功了。但是現在你沒有辦法在路上行走了；現在人們會不斷瞪視著你。你不再是自由的，現在你只能留在房間裡，沒有辦法出門，你被監禁了。然後你開始想起那些曾經有過的美好日子，那些你能夠自由走在街道上……好像街上只有你一個人一樣。現在你開始嚮往那些時光。你可以去問問那些名人……

伏泰爾(Voltaire)在他的回憶錄中寫著，在他還沒有出名之前，當他跟每個人一樣地普通時，他一直夢想、渴望著，也努力工作著，然後他變成了法國名人。他的仰慕者多到讓他幾乎無法出門，因為在當時迷信的年代裡，人們認為如果你能夠拿到一位超級偉人的一片衣服，它都有著無比的價值，它有保護的作用。它能夠保護你抵抗鬼魂，避開厄運。

所以，當伏泰爾要去火車站搭車時，他需要有警察護衛隨行，否則人們會撕掉他的衣服。而且還不僅僅如此，連他的皮膚都會受到撕扯，他會帶著血跡和淤青回家。他開始厭倦了這種名聲——他甚至無法離開自己的家；人們老是像餓狼一般等著撲上他，於是他開始向上帝祈禱：「結束吧！我現在知道了。我不要這樣。我幾乎要變成一個死人了。」然後事情發生了。

天使來了，天使必然曾經來過並且說：「好！」因為漸漸地，伏泰爾的名聲消失了。

人們是很容易改變看法的；他們毫無誠信可言。就像流行一樣，事情不斷在改變。你可能某一天受到崇拜，而隔天就成了最聲名狼藉的人。你的名聲可能在某一天達到頂峰；隔天人們卻可以完全忘記你這個人。你某一天還是總統；然後隔天你只是一個叫做尼克森的公民，沒有人在意你。

伏泰爾的情況就是如此，人們的想法改變了，風氣改變了，所以大家完全忘記了他。當他去火車站的時候，他希望有人在那裡等他，即使一個人也好。但是沒有人跟他打招呼——只有他的狗。

當他死的時候只有四個人為他送終：其中三個是人，而第四個則是他的狗。他過世的時候必然覺得很不幸，並且再一次渴望著出名。

能怎麼辦呢？事情就是這樣不斷地持續。頭腦從來不會讓你快樂。不論在什麼樣的情況下，頭腦總是會找出一些事情讓你不快樂。讓我這麼說：頭腦是一具製造不快樂的機器，它的功能就在於製造出不快樂。

如果你放掉頭腦，突然間你會開始毫無理由的變得快樂。然後快樂是這麼自然的一件事，就像你的呼吸一樣。就呼吸而言，你甚至不需要去察覺它；你就是不斷地呼吸著。不論是有意識的、無意識的、醒著、睡著——你持續不斷地呼吸。快樂和呼吸是完全一樣的。

那就是為什麼在東方我們說快樂是你內在深處的自然本性。它不需要外在的條件：它就在那裡；它就是你。喜樂是你本然的狀態，而不是你要達成的目標。如果你跳脫這個機械性的頭腦，你會開始感受到喜樂幸福。

那就是為什麼你會發現有些發瘋的人比所謂的聖人還快樂。這些發瘋的人怎麼了？他們跳脫了頭腦——只是，他們跳錯了方向，但是他們也脫離了頭腦。發瘋的人是掉落在頭腦的心智之下，他失去了心智。那就是為什麼你會看到某些瘋狂的人非常快樂。你會嫉妒這些人，甚至做起白日夢：「什麼時候這樣的喜樂才會發生在我身上？」發瘋的人被人們所譴責，但是他很快樂。他發生了什麼事？他不再想著過去，也不再想著未來。他已經脫離了時間，他開始生活在永恆之中。

同樣的情況也發生在神祕家身上，因為神祕家超越了頭腦。我不是要你發瘋，我只是告訴你，那些發瘋的人和神祕家有一個相似之處，那就是為什麼神祕家看起來都有一點瘋狂，而那些發瘋的人也看起來有點像神祕家的原因。

如果你看著瘋子的眼睛，你會發現他的眼睛非常神祕……有一種光暈，某種超俗的光輝，好像他有某種內在的門，從那裡他可以觸及生命的核心。他很放鬆，他或許一無所有，但是他就是覺得快樂。他沒有慾望，沒有野心，他哪裡也不去，他就只在那裡……享受著，歡欣著。

沒錯，瘋子與神祕家有某些類似之處。那個類似之處在於兩者都脫離了頭腦。瘋子掉落在頭腦之下；神祕家則是超越了頭腦。神祕家也是瘋狂的，不過他是有條理的；他的瘋狂裡有著道理。而瘋子則是墮落於頭腦之下。

我不是要你變得瘋狂；我要你成為神祕家。神祕家跟瘋子一樣地快樂，也跟正常人一樣地心神正常。神祕家是合理的，他甚至比所謂理性的人還更合理，而且還如此地快樂，像瘋子一樣地快樂。神祕家有著最美好的綜合體，他處在一種和諧當中。他擁有理性者所擁有的一切，他擁有兩者，他是完整的；他是整體的。

你問：「為什麼我總是做著關於未來的白日夢？」你做著關於未來的白日夢是因為你還不曾品嘗過「當下」。開始去品嘗當下，找到幾個你就只是單純感到歡欣的片刻。看著樹木的時候，只要成為那個「看」。傾聽鳥鳴的時候，只要成為傾聽的耳朵；讓它們觸及你最深的核心。讓牠們的歌聲傳遍你的整個存在。坐在海邊時，只要聆聽著海浪狂野的吼聲，與它合而為一……因為海浪狂野的吼聲裡沒有過去也沒有未來。如果你能夠讓自己與它同調，你也會變成那個狂野的吼聲。擁抱一棵樹的時候，放鬆在其中，感受它的綠意湧入你的存在。躺在沙灘上的時候，忘掉這個世界，跟沙灘以及沙灘上的涼意融合為一，感受這份沁涼滲透你。在河流中游泳時，讓河水在你內在游動，你身體的周圍拍打著水花，你也成為那些水花。

做任何讓你享受的事情，同時全然地享受在其中。在那幾個片刻裡，過去與未來都將消失無蹤，而你就在此時此刻。而且那幾個片刻會為你帶來第一個好消息，那是你的第一個福音。

福音並不在《聖經》裡，福音在河水中，在大海的吼聲中，在群星的寧靜中。處處都有佳音，這整個宇宙都是訊息。解開這個密碼，學習它的語言。它的語言就是此時此刻。

你的語言屬於過去與未來。所以如果你一直使用頭腦的語言，你永遠無法與存在同調，永遠無法與存在和諧共處。而如果你不曾品嚐過和諧的滋味，你如何能夠停止白日夢呢？——因為那是你的生命。

這就好像是窮人拿著一袋普通的石頭，他認為那是極品的鑽石、紅寶石與翡翠，如果你對他說：「放掉這些石頭，你這個傻瓜，這些只是普通的石頭。」他不會相信你的。他會認為你想要欺騙他。他會抓著那袋石頭不放，因為那是他的一切。

我不會對那個人說放掉袋子。我會試著讓他看到真正的紅寶石、翡翠和鑽石。只要看過一眼，他就會丟掉那個袋子。他甚至不用丟棄它，因為沒有什麼好放棄的——它只是普通的石頭。沒有人需要去「放棄」普通的石頭。他只會開始覺知到自己過去一直生活在幻象裡。現在，看到了真正的鑽石，他自己的石頭會馬上褪色；它們會消失不見。你不需要說任何事情，他就會立刻清空自己的袋子，因為現在他有其他的東西可以裝入袋子裡。

他會需要這個袋子，這個空間。所以我不會對你說：放下未來，放下過去。與其如此，我會對你說：多多接觸當下。當這個「當下」帶著它的莊嚴宏偉、帶著它的美麗升起時，所有一切都會相形失色。而「放下」會像影子一樣地跟隨覺知而來。

問題

我這一生一直著迷於權力(power)以及伴隨權力而來的讚賞。現在，那些看起來似乎非常狹隘而微不足道。同時，我也感受到有一種更真實的力量(power)，它不仰賴於他人或是他人的反應——而比較是來自於自己的內在。

可否請你談談我在這方面所感受到的吸引力？

你的問題需要深入地審視，因為我可以對它說「是」，也可以對它說「不」。我不會說是；因為我說不的可能性比較大。而我會告訴你原因。

頭腦就是這樣持續不斷地跟每一個人玩著遊戲。你說：「我這一生一直著迷於權力以及伴隨權力而來的讚賞。」這是一個真實而誠懇的認知。許多權力取向的人甚至不會覺察到這件事；他們對權力的意志力還處在一種無意識的狀態。別人看得到，但是他們自己看不到。

就像是我曾經說過許多次，這種對於權力的慾望是人類有史以來最嚴重的疾病。我們所有的教育系統、所有的宗教、所有的文化和社會都完全支持這種疾病。每個人都要他的孩子成為世界上最偉大的人。聽一聽所有的母親是如何談論她們的孩子，她們說話的方式好像她們每個人都生下了亞歷山大大帝、恐怖伊凡、史達林和雷根……上千億的人們朝著權力前仆後繼。

一個人需要了解，這種對於權力的極度衝動來自於內在的空虛。一個非權力取向的人是滿足的、充實的、自在的、安處於自己內在的家。他的存在就是對這整體存在的無比感謝，他沒有更多的要求了。所有被賦予給你的東西都不是你要求而來的，它們是來自於這豐富存在所給予你的純粹禮物。

而這是兩條不同的途徑：一條道路是對於權力的慾求，另一條道路是對於溶解的意願。

你說：「現在，那些看起來似乎非常狹隘而微不足道……」它不是只狹隘而微不足道，它還是病態且醜陋的。這種想要擁有權力凌駕在別人之上的想法，意味的是奪走他人的尊嚴、摧毀他們的個體性，強迫他們成為奴隸。只有一個醜陋的頭腦才會做出這種事。

你接著說：「同時，我也感受到有一種更真實的力量，它不仰賴於他人或是他人的反應——而比較是來自於自己的內在。」你的話語中有一些事實，但是那並不是你的經驗。確實有一種力量與操控他人無關，而比較像是一種花朵綻放花瓣的力量……你曾經見過那樣的力量，那樣的光輝嗎？你曾經見過星空夜晚所具有的力量嗎？它不操控任何人。你曾經見過嫩葉在陽光下、在雨中跳舞的力量嗎？它的美麗、它的壯觀、它的喜悅？那種力量跟其他任何人都無關，它甚至不需要有人看見。

這是一種真正的獨立，而它讓你回到自己存在的根源，而你每個片刻的生命也是從這個根源所升起。但是這種力量（power）不應該被稱為權力（power），因為這只會造成困惑。

「權力」這個字眼含有支配某人的意思。即使那些具有偉大了解力的人也沒有看到這一點。印度有一個宗教，耆那教(Jainism)……jaina這個字眼意思是「征服者」。它原始的意義必然就是你所說的：一種從內在升起，如花瓣綻放散發出芬芳的力量。但是我曾經深入探究耆那教的傳統，當他們稱一個人為征服者的時候，他們也說這個人已經征服了他自己。總是有人必須被征服。

他們改變了他們偉大創始人馬哈維亞(Mahavira)的名字，他以前的名字是筏馱摩那(Vardhamana)。馬哈維亞的意思是「偉大的征服者」，一個偉大勝利的人。但是這個「馬哈維亞征服了自己」的根本概念，如果你用簡單的心理名詞來說明的話，它的意思是他能夠赤裸地站在雨中以及寒冷的天氣裡；他能夠以斷食的名義忍受飢餓，持續好幾個月。在他十二年的修持與準備中，他總共只進食了一年；其他的十一年，他都是飢餓的。當然他不是一直處在飢餓裡——他會餓上一個月，然後進食一天；餓上兩個月，然後進食個幾天。在十二年的時間裡，他進食的日子加起來總共只有一年，其他十一年他都折磨自己的身體。

這裡，你需要一種深入的洞見才能了解：不論你是折磨他人還是折磨自己都是一樣的——只不過別人能夠有所防衛，至少防衛是可能的。但如果你是折磨自己，那就沒有人能夠保護你了。你能夠對自己的身體做任何事情。這其實就是自虐狂。就我的了解，這不是尋找內在本性根源的方式。

因此，我不想把它稱為「力量」，因為這個字眼已經受到污染了。我喜歡把它稱為：和平、愛、慈悲——你可以挑選任何詞彙。但是「力量」這個字眼已經落入暴力者的手中，不論他們是對他人還是對自己施暴。我認為那些對他人施暴的人還比較自然些，那些對自己施暴的人則是絕對的病態。但是，那些對自己施暴的人卻成為你們的聖人。他們對這個世界的貢獻就是告訴你如何折磨自己。

有些聖人睡在荊棘的床上。到現在還有這樣的人；在瓦拉那西（Varanasi），你還能夠找到這樣的人。就表演特技而言，那或許還不錯，但事實上那真的很醜陋，它應該要受到譴責。這些人不應該受到尊敬。他們是罪犯，因為他們犯了違反身體的罪行，但是你甚至無法把他們送上法庭！

所以你需要徹底了解這個問題的第二個部分，否則你前面所說的慾望，被權力所吸引的慾望會以不同的裝扮再度出現。然後你會再度開始努力找尋操控自己的力量。而且看起來情況正是如此。

你說：「……它不仰賴於他人或是他人的反應——而比較是來自於自己的內在。」當你提到他人以及他人的反應時，這已經顯示了你並非真的從一個不同的向度來思考。一開始你感興趣的是人們應該讚賞你；你應該是一位有權勢的人，一個世界的征服者、一個諾貝爾獎得主，或是其他形式的蠢事。但不是每個人都能成為亞歷山大大帝。不是每個人都能成為諾貝爾獎得主，也不是每個人都能夠以某種形式比別人更偉大。所以這讓你轉個彎：當你發現自己處於一個不可能的情況，或者當你發現有太多的競爭者，而你會被那些更厲害、更危險的人打垮時，最好是退回來自己身上，試著找到某種與他人無關，也不需要仰賴他人的力量。光是這些話就足以令我推斷：你現在正用著同樣的方式繼續另一種遊戲。一開始的時候你試圖操控別人；現在你試圖操控自己。而這就是人們所謂的「苦修」。

我想起一個有名的伊索寓言。

芒果季節到了，有一隻狐狸試圖摘取樹上成熟的芒果，但是芒果太高，狐狸所能夠到達的高度無法摘到芒果。牠試了幾次；然後牠發現那是不可能的事，然後牠開始查看四周是否有人看到牠這個樣子。有一隻小兔子看到這整件事，這隻狐狸離開了，試圖隱藏牠的受挫感，但是這隻兔子問：「阿姨，你怎麼了？」這隻狐狸對兔子說：「我的孩子，這些芒果還沒成熟。」

如果你對於權力的慾望改變了，那你就不應該像這個伊索寓言一樣。你應該先去了解這個對於權力的慾望是從何而來的。它來自你的空虛(nothingness)，你的自卑感。要免於這種操控的醜陋慾望，唯一正確的方法就是進入你的空虛裡，看看它到底是什麼。你一直透過權力遊戲在逃避它。現在，不要把你所有的能量轉向用來折磨自己，不要做任何自虐形式的苦修，而是轉向你的空無(nothingness)：看看它是什麼？

在那裡，玫瑰在你的空無綻放。在那裡，你找到生命永恆的源頭。你不再受制於自卑情節，也不再需要仰賴他人。

你已經找到你自己。

那些被權力所迷惑的人正越來越遠離自己。他們的頭腦走得越遠，他們就越是空虛。像「空」和「無」這樣的字眼一直受到人們的譴責，你接受了這些概念，而不去探索空無所具有的美……

它是絕對的寧靜。它是無聲的樂音。沒有任何一種喜悅可與之比擬。它是純然的喜樂。

因為這樣的經驗，佛陀把他與自己最終的遭遇稱為「涅盤」。涅盤的意思就是空無。一旦你能夠自在地與你的空無同在，所有的緊繃、衝突、擔憂都會消失。你找到了生命的源頭，而那是不朽的。

我還是要提醒你，不要把它稱為「力量」(power)，把它稱為愛、稱為寧靜、稱為極樂——因為「力量」這個字眼在過去已經受到過度的污染，事實上這個字眼需要被徹底淨化，它有錯誤的含意。

這個世界已經被那些自卑卻試圖利用各種權勢掩蓋自卑的人所操控。就這個部分，他們創造出各種方式。因為不可能每個人都成為國家總統，所以就把一個國家分成好幾州，這麼一來會有很多的州長和部長。然後再區分部長的工作，於是有很多人可以成為內閣成員，在這之下又有許多人可以成為幕僚。而這整個階級制度就是由那些受苦於自卑情結的人所建構而成的。從最低層的管理員到總統，他們都有著同樣的疾病。

英迪拉・甘地(Indira Gandhi)長期掌控印度的權力。當她掌權的時候，她跟我的祕書提過很多次她想來見我，她有幾個問題要問我。至少有六次，日期都安排好了，但就在約定的前一天總會傳來一個訊息：「有緊急狀況發生，所以她無法在這個時間前來。」這種情況發生了六次——緊急事件總是按照這個會面的時間發生！我讓我的祕書去問她到底怎麼了，她至少能夠誠實地說：「這些『緊急狀況』並不是真的。問題是我的內閣部長，我的國會同僚不讓我去。他們說：『和奧修會面很可能會危及你的政治權力。』」

後來她敗選下台，我的祕書告訴她：「現在沒問題了。把握這個機會。妳不再是國家元首，妳可以來了。」

她說：「現在更難了，支持我的人說：『如果妳去那裡，你就永遠別想再成為首相。』」

她的兒子拉吉夫・甘地(Rajiv Gandhi)以前是個飛行員，他跟我的祕書說過好幾次他想來見我，聽取我對他未來生涯的指導，他是要進入政治界還是繼續飛行員的工作。在他成為首相之後，他就再也不曾要求任何指導。那是同樣的恐懼，因為我已經變成了一個危險人物，如果你來找我，所有那些反對我的人都會反對你！我在全世界有這麼一大群敵人——我喜歡這個情況，我是說真的——一個沒有任何武器的個人與二十五個國家交戰！而這些大國擁有一切的權勢，看起來卻是全然地軟弱無力。

在德國，我的人提出一件反政府的訴訟，因為在國會中，他們把基督教稱為宗教，卻把我的運動稱為「瘋狂異教」。在基督教的神學世界裡，「瘋狂異教」(cult)這個字帶有譴責的意味。在兩個審判庭中，我們上訴要求他們應該把基督教也稱為是瘋狂異教，或者把我們的運動稱為新宗教運動，而不該說那是一種瘋狂異教。兩個法庭的裁斷都支持我們的要求，他們認為政府沒有權力去譴責一個不曾造成任何傷害的群體。他們都同意這個運動應該被稱為「宗教運動」，然而政府卻繼續使用同樣的字眼：瘋狂異教。

這兩個法庭應該讓他們的政府清楚了解一點：他們正在摧毀自己的憲法、自己的法律以及他們自己。國會中任何一個仍然把我的運動稱為瘋狂異教的人應該被視為罪犯。有可能那正是德國總理所說的；但是那並不重要。這些人的內在不停地顫抖著，他們害怕自己會垮台；而且還是稍微一推就垮台了。他們知道自己的內在什麼都沒有，而外在，卻為了權力極力競爭著。

耆那教的二十四位祖師（tirthankaras）全都來自於皇室家族並非是一種巧合。佛陀以前也是王子。這些人到底怎麼了？拉瑪（Rama）和克里希那（Krishna）這兩個印度教神的化身也都有著相同屬性，他們都屬於皇室家族。看起來好像別人都不能成道了！好像成道只需要皇室的血統……但是，我要釐清的重點是：這些人本來就處於最高的位置，他們擁有權力，但是他們經驗到的權力並沒有摧毀他們內在的空無。他們為了內在的本性放棄了權力。當他們發現內在的本性時，他們綻放了，他們綻放在「真」與「美」之中，他們的綻放讓全世界知道：我回到家了。

人們並不知道為什麼這些人要放棄他們的王國。這些人擁有一切他們所能夠擁有的權力，但是在那種狀態下……擁有一切的權力、一切的財富，可是內在卻依然空無一人？房子充滿金錢、舒適品、奢侈品，但卻少了主人。出於這種急迫性，他們放棄了權力，往內在尋找平靜。

通常，一般人並沒有權力。他們只能從遠處看著那些有權勢的人，然後想著：「如果我也被賦予相同的榮耀、相同的讚賞，我也會是某個大人物。我也會在時光歲月裡留下我的足跡。」他們被權力所迷惑。但是看看這些生來就有權力卻放棄了它們的人，他們知道那都是徒勞無益的。一個人的內在不會因此有所改變。即使擁有幾十億美金，你的內在也不會有任何改變。

唯有你內在的蛻變、改變，才能帶給你平靜。而從這平靜的空間裡，你的愛會出現；從這平靜的空間裡，你的舞蹈、你的歌唱、你的創造力會出現。不過，最好還是避免「權力」這個字眼。

此刻，你只是在思索這件事情。思考不會帶來任何幫助。如果你要在世界上爭權奪利、獲得金錢財富、獲得名聲與尊敬，那麼思考是完全沒有問題的。但是就安處於自己的存在裡，頭腦是絕對不會有幫助的。因此，這個地方的所有努力就是幫助你脫離頭腦而進入靜心，脫離思考而進入寧靜。

一旦你品嘗過自己內在的本性，所有的貪婪，所有對於金錢、權力的慾望都會蒸發消散。然後你不會再有任何比較。你已經從自己內在發現了神性；你還想要什麼呢？

問題　王爾德曾經說過：「如果神要懲罰我們的話，祂們就會回應我們的祈禱。」請你就此做一些評論。

王爾德是對的。關於人類的頭腦，往往那些心理學家無法有所說明，但是那些富有創造力的藝術家、詩人卻能夠輕易地探索到邏輯、理性與科學所無法觸及的深度。

王爾德的聲明極具價值，當他說：「如果神要懲罰我們的話，祂們就會回應我們的祈禱。」他所指的是我們無意識的狀態。我們不曾覺知到自己在做些什麼，我們不曾覺知到自己要求了什麼，我們也不曾覺知到自己祈求了什麼。我們的意識是如此地膚淺，而無意識又是如此地深沉——所以如果我們的祈求實現了，那一定不是獎賞，而是一種懲罰。我們的要求發生在我們沉睡時，所以我們遲早會懊悔於我們所提出的要求。

比如說，你們都知道彌達斯國王（King Midas）的神話故事。他許多年的祈禱只祈求一件事情：那就是獲得一種力量，以便他碰到的每樣東西都能夠變成黃金。許多年來了又走；他的祈禱仍然沒有被聽到。他變得越來越沒有耐性，於是他開始苦修，強迫神給予他多年來一直祈求的力量。他認為自己所祈求的是極完美而偉大的事物。如果你有機會的話，你也會毫不猶豫地馬上接受這個機會。

終於，他的祈禱被聽到了，他的願望實現了，他有能力把任何東西變成黃金。但是接下來他發現這個神所給予的力量毀了他自己——因為他不能吃，不能喝。當他碰到玻璃杯時，玻璃杯和裡面的水都會變成黃金。當他碰到食物時，食物會變成黃金。甚至連他的妻子也無法靠近他，他的孩子也遠離他，因為不論他碰到誰，誰就會變成黃金。

不過一個星期的時間，這個人幾乎就要瘋了、死了。他一再一再地請求神：「收回這個力量——我當時不知道我要求的是什麼。我已經受夠了懲罰。」他的妻子已經變成了黃金；他的孩子也變成了黃金。這七天裡他沒有吃任何東西，也沒有辦法喝水——他因為飢渴而瀕臨死亡邊緣。

許多年來他不停地祈禱，夢想著當他獲得這項力量時，他會變成全世界最富有的人。但是現在，他變成了最可憐的人——從過去、現在到未來，從來沒有人如此不幸過。朋友們不再來拜訪他，他自己的大臣全都相繼離開。他坐在宮殿中卻沒有人上朝；他變成單獨一個人，而他過去總是被人們簇擁著。他曾經是一個偉大的國王，而現在連乞丐也不願意當他的朋友或是接近他。

在所有的語言中都有許多同樣類型的神話故事，而它們不只是神話故事而已，它們描述了我們無意識的頭腦。除非你全然地意識清醒，否則如果你的祈禱實現了，那會是一種懲罰。因為這些願望來自於哪裡呢？而當你變得全然清醒的那一刻起，你不會做任何要求，因為你已經獲得最寶貴的事物了。

佛陀沒有任何要求。他不做祈禱。他沒有任何祈禱文，他也沒有神，他是全然充實與滿足的。他沒有慾望，毫無所求，他不再是個乞丐。一個意識清醒的人會變成一個國王。

因此，那些在寺廟、教堂、清真寺和猶太會堂裡祈禱的上百萬人口應該稍微多想想，他們到底在祈求什麼呢？而且，如果他們的願望實現了，結果會是如何呢？他們一定會要求收回他們的祈禱，因為所有那些慾望都來自於深沉的無意識。他們不知道那會帶來什麼樣的結果，他們不知道最終的後果是什麼。

王爾德是一位偉大的天才，一個詩人，一個富有創造力的藝術家。而正是這種人——而不是你們所謂的死聖人——賦予了人類新的洞見，深入自己的本性，了解什麼是他們可以祈求的，也了解這些要求是否正確，或者最好等到當你變得無慾時。

你所有的慾望都注定會是錯的，不論它看起來是多麼地富有邏輯，但是最終的結局會證明那是致命的錯誤，你可以從自己身上觀察這一點。

我想起一則故事……

亞歷山大大帝前往印度，那是他要侵略的最後一個國家，在這之後他就會成為世界的征服者。而在阿拉伯的沙漠裡，他遇到了一位神祕家，這個神祕家是如此地尊貴，他有著一種亞歷山大無法抗拒的魅力。他停了下來，並且從馬背上下來。自從他離開雅典前往東方開始，他就一直帶著一個問題；他聽說在東方有人到達了永生不朽的境界……這種傳聞才剛剛傳到希臘。

這個人看起來似乎很古老卻又很年輕、很鮮活。亞歷山大從希臘長途跋涉到印度邊界，這是第一次他暴露自己，他對這個人說：「我想要知道永生不朽的祕密。」

這個神祕家笑了，他說：「真巧，你問對人了；否則，在這麼大的世界中有這麼多人，你可以問任何人，卻不會有人告訴你方向。但是我知道，我會告訴你方向。」

「就在隔壁，離這裡不到兩哩的地方，有一座完全沒有人知道的綠洲。沒有任何道路通往那裡；那是一個神祕的地方，只有想要永生不死的人才會知道。如果你能夠喝到綠洲裡的水——那是從洞穴裡湧現的一條小溪——你就會永生不死。」

亞歷山大從來不曾單獨行動。這是非常冒險的行為；它有著安全上的問題。因為他的護衛隊、保安官、顧問們平常總是隨側在一旁。但是他不要任何人跟他一起進行這趟冒險；他不想讓任何人知道那個地方。所以，他下令不讓任何人跟隨，整個軍隊待在原地，他自己一個人前去，而且他很快就會回來。

他很快就到了那裡——他有當時最快的馬。你可以想像他有多開心，他的慾望，他最深的願望就是永生不死……有誰願意死呢？每個人都希望自己不會死。但是你真的想過這其中的意義嗎？

甚至連亞歷山大也從來不曾想過。他從馬背上跳下來，衝向小溪湧出來的洞穴，那有著如水晶般清澈的水，正當他要用雙手接水喝下去時，有一隻坐在岩石上的烏鴉說話了：「等一下。」他沒有辦法相信，他從來沒有想過烏鴉會說話，不過現在，當你站在這條能夠使你永生不朽的湧泉前面，任何事情都是可能的。

亞歷山大問：「你為什麼要阻止我？」

烏鴉說：「先等一下，讓我告訴你我的故事。數百萬年前，我也喝了來自同一個源頭的水，從那時候開始，我用盡各種方法試圖自殺。我累了，我想要死並且進入永恆的安息。但是沒有任何毒藥能夠發揮作用；所有的努力都沒有用，火也燒不死我，光是想到我只能沒完沒了地過著無聊的生活……」

「我已經看盡一切，活過一切——所有的一切都是重複、重複、再重複。我一直在尋找，是否有人能夠告訴我那裡可以找到解藥，以消除你正要喝下去的甘露。我想告訴你這些事情，以免你在無意識的情況下喝下去。不要犯了跟我同樣的錯誤。不過，如果你還是想喝的話，那是你的自由。」

亞歷山大從來沒有想過事情的這一面——永生不朽的世界會是難耐不堪的。你所有的朋友都離開了，你所有同輩的人都走了，而所有你曾經愛過以及愛你的人也走了。新的世代持續延續著；你跟別人之間的代溝會越來越大。沒有人會了解你；你也無法了解這些居住在地球上的新生代。而你的生活只不過是重複而已，無止盡地像輪子一樣地旋轉著；每天早晨、晚上相同的路線，無路可逃，沒有出口。

太可怕了……他甩掉他手上的水，並且謝謝這隻烏鴉，他說：「我會永遠感謝你，我祈禱並且請你留在這裡阻止任何一個可能犯下同樣錯誤的人。因為毫無例外地，每個人都會犯下同樣的錯誤。」

這就是我們無意識的慾望：不想死亡。但是我們從來沒有注意過它所隱藏的含意。如果你不會死亡，如果你無法自殺；如果死亡無法自然發生，而你也脫離不了這整個生命的惡性循環，那會是什麼樣的情況？你會覺得全然無助，你也會痛不欲生。你會痛哭流淚，也無法得到任何慰藉。

王爾德有著偉大的洞見。但是他卻被英國驅逐出境，只因為他怪異的想法而被驅逐。與他同時代的人都認為他有些瘋狂。然而你認為一個瘋子能夠擁有如此的清晰度與意識嗎？然而，所有走在時代先鋒的人都有著同樣的命運。他們的了解與當代人之間的隔閡太大了，因此他們總是與他人格格不入。而王爾德是這個世界上最出名的奇怪天才之一。

你總是要記得：不論何時，當你發現有任何人的書或詩集被他同時代的人所譴責，那麼你就仔細深入這本書、這本詩集，深入它的內容裡——因為其中必然有著某些極其重要、但卻無法被當代人所了解的東西。那些偉大的人總是需要等待好幾個世紀，才能夠為人所了解。而那些能夠了解他們的人往往要在他們過世很久之後才會出現。這些偉大的人物在他們自己的時代不受尊重，在他們自己的土地上被自己人所侮辱。他們貢獻了極大的寶藏，卻沒有得到當代人們的讚賞。這些叛逆者是這個地球上的中堅份子，因為他們的叛逆使得人類還存有一點希望，他們讓人類的意識往上提升了一些。

如果你把這幾個叛逆者從歷史中拿掉，那麼人類會消失，而只會剩下野蠻、非人性的醜陋生物。是這些人為人類帶來現存的所有智慧、現存的所有意識以及現存的一切敏感性⋯⋯但是你們卻以酷刑回報他們。

王爾德的一生被處處驅逐，不曾得到絲毫的敬重。但是他仍然毫無怨言，也不怨恨任何人，而是單純地接受這個事實：「是我來得太早，不是他們的錯；這是我的錯。我應該等晚一點再來。」

但是，很有可能甚至連現在這個時代對他而言還是太早了；他的時代仍然還沒有到。我曾經深入過他的話語，我可以權威地說：他仍然需要等待那些能夠了解他的人們。即使是現在活在這個地球上的人，也會像當時的人們一樣地對他無禮。

但是我要你們去了解這些叛逆者，因為這些人才是真正的人類。他們有清澈的靈魂與完整的意識。他們不是你們那些偽裝的聖人，而是偉大的詩人、偉大的神祕家、偉大的畫家以及各個向度上的偉大創作者……他們有無限的視野，有著如太平洋一樣的深度，以及聖母峰一樣的高度。如果你能夠與這些叛逆者成為朋友，或許他們的一些特質會開始進入你的存在。而那可能會成為你內在的一顆種子，在時機成熟時綻放出偉大的花朵以及美妙的芬芳。

佛陀有一次被問到：「你為什麼不教導你的門徒祈禱呢？」這是一個很明顯的問

題——對很多人而言，他們很難想像有一個不禱告的宗教。而佛陀當時的回答即使在今天也一樣地新鮮、具有革命性且新奇。他說：「我不教導我的門徒禱告，因為他們的禱告會傷害他們。他們現在還沒有足夠的意識能夠要求任何東西，所以不論他們要求些什麼都會是錯的。首先，他們必須擁有足夠的意識。我教導他們如何變得更有意識，在那之後就由他們自己來決定了。當他們具有充分的意識時，如果他們想要禱告，他們是自由的。他們不是我的奴隸。但是有一件事情是我可以肯定的：任何一個有意識的人，他沒有什麼可要求的，因為他已經擁有一個人所能要求的一切事物。」

蜜德麗多年來不斷地對家人抱怨嘮叨，每個人都習慣了她的牢騷和她刻薄的臉。有一天，她參加一堂「正向思考」的講座，演講者談了一個鐘頭有關笑臉致勝的品質。密德麗印象深刻地回家了，她決定要改善自己的行為。

隔天早晨，她一早起來，穿上她最喜愛的洋裝，準備了豐盛的早餐。當家人進入餐桌時，她帶著燦爛的笑容跟他們打招呼。她的丈夫喬治仔細端詳她的臉，然後攤在椅子上。

他呻吟著說：「喔，其他的也就算了，她現在居然還有了牙關痙攣。」

他無法相信她的微笑是真的，所以他認為她一定是牙關痙攣！

人們試圖禱告，人們試圖微笑，人們試圖讓自己看起來是快樂的，看起來是真實、誠懇的——不論什麼樣的品質，只要能夠得到讚賞就好。但是他們的無意識卻站在他們每一個行為的背後，他們的無意識會扭曲他們的真誠、扭曲他們的笑容、扭曲他們的真實。

但是，這個世界上沒有任何一個道德家會教導人們先具有意識，然後在人們具有意識之後，這份意識會自然地找到某些品質從內在綻放……不論是誠實、誠懇、真實、愛還是慈悲？除了少數像佛陀這樣的叛逆者之外，沒有人想過關於你無意識的部分——而那是你首先需要放掉、改變的，你的內在必須充滿光亮，這麼一來，不論你做什麼都會是對的。一個全然具有意識的頭腦不會做錯任何事情。但是有誰會傾聽呢？

長達四十二年的時間，佛陀持續不斷地告訴人們一件事：讓你自己變得更覺知；讓你自己變得更具有意識。人們已經習慣他所說的話，有四十二年的時間，他一直說著：「我不是在這裡讓你們敬拜我。如果你們對我還有一點敬意，就照我說的做：不要浪費生命來敬拜我，因為這不會對你有任何幫助。而且一個無意識的人所做的敬拜是絕對徒勞無益、毫無意義的；那只是一種欺騙——你欺騙自己，認為你已經了解我了。」

在他生命的最後一天，他再一次重複，也是最後一次：「不要塑造我的雕像。如果你們愛我，就按照我這四十二年所說的去做：讓你自己變得更為覺知。不要以我的名義與建廟宇或雕塑佛像。」

但是，實際的情況顯示了人們無意識的頭腦是如何運作的——佛陀的雕像是第一個歷史上確有其人的雕像。而他的雕像比世界上任何其他人都多。有些寺廟幾乎整座山都雕刻成佛像。中國有一個寺廟有上萬尊佛像，整座山被雕刻成佛像，它被稱為：萬佛寺。

在阿拉伯國家，人們因為在蒙古看到佛像而開始意識到他們也可以做一些像是雕像之類的東西。也因為人們把那些雕像稱為佛像(Buddhas)，所以阿拉伯語、波斯語以及巴基斯坦語把雕像稱為：buth，這個字眼源自於「buddh」這個字。而「buddh」這個字也變成了雕像的同義字。但是這個人終其一生，不斷地告訴人們不要敬拜他，而是要了解他。

但是那些叛逆的人不是被釘上十字架就是受到敬拜——而事實上，這兩者是同一回事。被釘上十字架是用野蠻的方式剷除他們；而敬拜則是以一種較為文明的方式擺脫他們。但是不論哪一種方式，人們基本上就是要擺脫他們。

你必須記住王爾德所說的話。我這裡不是祈禱的地方。我這裡不是你為了滿足願望而來的地方。我這個地方的存在只是為了幫助你變得更有意識、更為覺知，好讓你能夠照亮你自己。那麼，不論你做些什麼，它都會是對的，它都會是美好的、靈性且具有神性的。

問題　感覺起來我就像是一輛車子既前進又倒退，沒有到達任何地方。到底車子啟動了嗎？還是我是個差勁的駕駛？

這個「到達某個地方」的想法基本上就已經錯了。沒有任何事情要到達任何地方。存在就在此時，此刻；存在並沒有朝著某個特定的方向。沒有方向；沒有最終的目的。但是，好幾世紀以來，我們一直被教導著存在正朝著某個目標前進，我們也一直被教導著生活要有企圖心，以證明我們是重要的人、重要的事，並且要到達某處。但是，存在是絕對沒有目的的。

我並不是說存在是沒有意義的。精確一點的說：正因為它是沒有目的，所以它的意義深遠。但是它的意義不是一般市場上的意義。那是一個完全不同的意義：它的意義是玫瑰花所具有的意義，是鳥兒在空中飛翔的意義，是詩歌、音樂所具有的意義。它本身就是最終的目的。

我們並不需要成為些什麼──因為我們已經就是了。這是所有覺醒者所傳遞的全部訊息：你不需要達成某些事物；你本來就已經擁有它了。這是來自於存在的禮物，你已經在你該在的地方；你不可能到任何其他地方去。沒有什麼地方是你需要去的，也沒有什麼事情是你要達成的。因為無處可去，也沒有什麼事情需要達成，所以你可以慶祝。這麼一來，你不會有匆忙、不會有擔憂、不會有焦慮、不會有苦惱，不會有著對於失敗的恐懼。你不可能失敗的。在事物自然的狀態裡，失敗是不可能發生的，因為根本沒有所謂的成功可言。

但是社會的制約讓你產生這樣一個問題，讓你開始思考：「我沒有到達任何地方，而生命正從我手上溜走，死亡正越來越靠近。我到底是否能夠成功呢？」然後你開始極度害怕自己錯過了什麼，並且為那些已經錯失的部分感到挫折。但是誰知道？明天或許根本不會來。「我還沒有證明自己的價值，我還沒有功成名就，我還沒有累積足夠的財富，我還沒有成為國家元首或總統。」

再不然，你會開始思考一些非世俗的事情，但是其中的過程還是一樣的。你會認為：「我還沒有成道，我還沒成為一個佛或是一個基督。靜心是如此遙遠，我還不知道我是誰。」然後你為自己創造了一千零一個問題。

所有這些問題之所以會出現，是因為社會要你成為一個有企圖心的人，然而要產生企圖心，你必須擁有一個未來的目標。就企圖心而言，未來是必要的。沒有企圖心的話，自我(ego)無法成形。而自我是社會用來控制你、剝削你、壓迫你、讓你痛苦的基本策略。

自我存在於「當下」與「未來」之間的緊繃裡：緊繃感越強，自我就越大。如果在你的「當下」與「未來」之間沒有任何對立矛盾時，自我會因為無處可藏、沒有生存之處而消失不見。

因此社會教導你：「你要成為這個樣子、成為那個樣子。」社會教導你要「成為」某種樣子，而它的整個教育系統就是建立這種「成為」什麼的概念上。

而我在這裡告訴你的剛好跟社會是相反的。我談的是「存在」而不是「成為」。「成為」是狡猾的政客與神職人員所發明出來的，就是這些人毒害了整個人類。他們不斷地給你目標，如果你厭倦了世俗的財富、權力和名聲，他們會告訴你關於天堂、上帝、開悟和真理的事情。然後整個過程又會開始繼續下去。

而人們很容易就會對世俗的事物感到挫折，你遲早會看到追求更多金錢與權力的愚蠢。你遲早會覺得「更多」這個概念是無意義的，因為「更多」除了痛苦以外不會為你帶來任何事情。它帶走你內在所有的喜樂，所有的平靜，它是破壞性的。它只會帶給你恐懼、顫抖、焦慮與神經質。它讓你變得神智不清；而這是非常顯而易見的。它已經把整個地球變成了一個瘋人院。

但即使是非世俗的目標也是一樣的——不論是涅盤還是最終的解脫，上帝和天堂——它都是困難的。你需要極大的聰慧才能看到這些目標也有著相同的品質。它們在品質上沒有什麼差別，因為你仍然在思考著「成為」什麼。你仍然在思考著關於未來的事情。

「未來」並不存在，就像「過去」並不存在一樣。過去已然不再了，未來尚未到來，只有「當下」是存在的。在這個當下，慾望無法存在，企圖心無法存在，也沒有足夠的空間讓自我得以存在。

只要你待在此時此地，自我就無法存在。你就是純然的寧靜。現在……了解我正在說的話語，我並不是提出某種理論或哲學；我只是單純地提出一個事實。就是花一點時間……看著這個片刻！自我在哪裡？而且突然間你感受到一股多麼深邃又多麼高遠的平靜。它一直在你的內在，但是你從來不曾注意過它——你不停的奔波、奔跑。也因為你沒有到達任何地方，所以你覺得焦慮。

你說：「感覺起來我就像是一輛車子既前進又倒退，沒有到達任何地方。」

不需要！就在這個片刻裡，不論你在哪裡，那都是一種祝福，那都是神性的。你還想要去哪裡呢？為什麼要活在過去呢？給了你目標的是你的過去，你頭腦裡所攜帶的過去把目標投射到未來，未來只是過去的投射而已。

從你童年時期，你就一直被教導，一直被催眠——被社會、神職人員、政客、父母與老師所催眠。你不斷地被催眠著：你的人生必須有一個目標，你必須擁有某些目的、你必須有所成就、你必須獲得名聲，不論是成為諾貝爾獎得主還是成為某個重要人物，你不應該平凡地死去。他們告訴你，平凡死去的人們是醜陋的；你必須像一個總統或總理一樣的死亡——好像這些人的死有多麼特別一樣！

正因為這些東西不斷敲擊著你的頭腦，你已經太過習慣於這種令你瘋狂的概念。不然，生命本身是如此美妙；不需要日的、不需要目標，你可以全然放掉關於未來的部分。你生活在未來只是為了逃避當下，而你的心理已經太過執著於未來，那讓你不斷地因為那些不存在的東西，而錯過此刻正在發生的事情。

通常一個猶太男孩學習到的第一件事情就是來自於《聖經》裡的訓令：「榮耀你的父親和母親——或他人！」

六歲的赫歇爾，想起他得到這個告誡的那一天，當時他的父親回家宣佈他決定要買一輛車，而那會是他們家擁有的第一部車。

赫歇爾的父親情緒亢奮，他驕傲地說：「想想看，我們才來這個國家幾年而已，我們就要擁有一輛新車了。我可以想像我們開著車在中央公園裡兜風。我在前座駕駛著車子，媽媽坐在我的旁邊，然後後面坐著我們的小赫歐爾。」

媽媽點點頭笑著贊成，她問：「所以，你計畫什麼時候買車呢？」

父親說：「兩個星期之內，或最晚一個月內。」

這愉快的插曲突然間被赫歐爾悽慘的哭聲所破壞：「我不要坐在後座！我要在前座協助駕駛！」

父親提醒他的兒子：「這個家裡只需要一個駕駛，媽媽坐前座，你坐後座。」

赫歐爾嚎啕大哭喊著：「如果我一定得坐在後座，我會拿頭撞牆，你看著吧！」

然後他跑到牆邊做出威脅的姿勢，準備要實行他所說的話：「媽媽坐後座，我坐前座！」

父親斷然地說：「不，赫歐爾，你在後座，」

赫歐爾驚聲尖叫：「前座，不要後座！我不要坐在後座！」

父親的態度嚴厲不屈，他伸直手臂，伸出手指頭冷酷地命令說：「赫歐爾，下車！」

人們一直活在未來！

你們的天堂也一樣，就像那輛車子一樣。你們的涅盤、成道也是同樣的狀況，就跟那輛車子一樣。

只有一個平庸的頭腦才會在心理上執著於未來，但是社會摧毀了每個人的聰慧，讓每個人都變得平庸。社會並不要你真正的聰慧；它害怕聰慧。因為聰慧的人們是危險的一群人，他們是極端的，他們是革命性的，他們總是破壞現狀。而社會要你是平庸、愚蠢的，它要你是絕對有效率且機械化的。它要你盡可能地累積資訊卻不要你擁有真正的聰慧，因為如果你是聰慧的，那麼你就不會在乎未來。你會活在當下，待在當下，因為除此之外沒有別的生命。

傾聽鳥兒的啁啾與吱喳……樹上的花朵綻放……星辰、太陽、月亮。除了你，除了人類的頭腦以外，整個存在都活在當下。也只有人類的頭腦在受苦。

脫離未來！那只是你的夢。你不需要去到任何地方。讓自己不論在哪裡都是快樂的。滿足於自己的存在，放掉那個「成為」什麼的想法。那麼，每個片刻都會是如此地珍貴；每個片刻都會是如此地美好、如此地壯麗、如此地光輝。而每個片刻都是絕妙的。這麼一來，不論你在哪裡，不論何時，你都能夠感受到神性。

天堂不是一個目標；天堂存在於這個當下的片刻裡。如果你待在當下，神性就在那裡。如果你活在這個當下裡，你就是成道的；沒有其他的成道了。這麼一來，平凡的生活也會變得不平凡。這麼一來，一個無名小卒也可以是如此地心滿意足。我把這整個方式稱為「靜心行者」(sannyas)：放掉目標、放掉目的，放掉未來——成為存在這個當下片刻裡的一部分，毫不延遲。然後，在這當下的片刻裡，一個巨大爆發或許會發生在你的內在：自我消失了，你不在了，只是神性存在。而那就是喜樂，那就是真理。

第3章 金錢買不到你的愛

我們必須豐富地生活，在富饒當中，不論是物質還是精神層面。問題不在於你是否應該擁有豐盛的物質生活，還是豐盛的精神生活。根本的問題是：你是否應該生活在豐盛與富裕裡，而這其實是自然且存在本來就有的。你內在最根本的驅力就是在豐盛中綻放自己、了解生命中所有的色彩、所有的歌曲以及所有的美麗。

但是，整個人類的過去一直讚揚貧窮，同時把貧窮跟靈性畫上等號，而這根本就是胡扯。靈性是一個人所能夠擁有最高形式的富裕，而且它包含了所有其他的富饒。它不反對其他形式的富裕；它反對的是任何一種形式的貧窮。

問題　為什麼金錢是這麼一個沉重的主題？甚至連提出金錢這個主題都像是在餐桌上討論性或死亡一樣忌諱。

金錢之所以是一個沉重的主題，它的理由很簡單，那就是我們還沒有能力制定出一個健全的系統，讓金錢能夠成為全人類的僕人，而不是少數貪婪者的主人。金錢之所以是一個沉重的主題，那是因為人類的心理充滿了貪婪；否則，金錢只不過是交換物品的工具，一個理想的工具。這個工具本身沒有問題，有問題的是我們處理它的方式，讓每件事情看起來都錯了。

如果你沒有錢，你會被譴責；你的一生會是一場災難，然後你嘗試用各種手段來賺取金錢。但是如果你擁有金錢，也不會改變這個基本的事實：你還會想要更多，而這個想要更多是無止盡的。然後當你終於擁有太多金錢時——即使那還是不夠，永遠不夠，但是已經比別人擁有的都多了——然後你會開始有罪惡感，因為你用來累積金錢的手段太過醜陋、缺乏人性且充滿暴力。你不斷地剝削，不斷地榨取人們的血液，你一直是個寄生蟲。所以現在你有錢了，但是這些錢會讓你想起，你為了獲得它們而曾經犯下的罪行。

這製造出兩種不同的人：

一種人開始捐錢給慈善機構來擺脫罪惡感——他們做「善事」，他們做「上帝的工作」，他們蓋醫院和學校——他們所做的一切都是為了找到某種方式，讓自己不會因為罪惡感而發瘋。你們所有的醫院、學校，還有你們所有的慈善機構都是那些充滿罪惡感的人所創造出來的。

例如，諾貝爾獎就是由一個在第一次世界大戰裡賺了許多錢的人所創立的，他藉由製造各種摧毀性的炸彈與武器而賺錢。第一次世界大戰裡所使用的機械和武器就是由諾貝爾先生所提供的，而他藉此賺取了一筆龐大的金錢……所有的政黨都從同一個源頭取得武器；他是當時唯一能夠大量製造戰爭物資的人。所以，不論誰被殺死，都是被他所殺的。不論這個人是屬於這一邊還是另外一邊都一樣：不論誰死亡，都是被他的炸彈所殺死的。所以，當他年老時，當他擁有這個世界上一個人所能夠擁有的一切財富時，他創立了諾貝爾獎。諾貝爾獎被當成一種獎勵，頒給那些支持和平的人，然而它卻是由一個靠著戰爭賺錢的人所創立的！任何一個為和平做出貢獻的人會獲得諾貝爾獎，而同時它也頒發給偉大的科學發明、藝術與創作傑出者。

伴隨諾貝爾獎而來的是一筆龐大的獎金，幾十萬美元，而且獎金金額還在繼續增加，因為錢的價值變得越來越低。這個人必然創造了一筆巨大的財富，以致於每年所頒發的諾貝爾獎金都來自於它的利息。本金則完好無缺，而且它會永遠保持完整。每年它有這麼多的利息能夠頒發二十項的諾貝爾獎。

所有的慈善工作都是為了洗刷罪惡感而做的努力。當彼拉多(Pontius Pilate)下令把耶穌釘在十字架上後，他做的第一件事就是洗手。奇怪！下令把一個人送上十字架又不會弄髒你的手——為什麼你要洗手呢？那是非常重要的一件事：他覺得有罪惡感。人們花了兩千年的時間才了解，因為兩千年來，從來沒有人提過或關切為什麼彼拉多要洗手。是佛洛依德發現人們有罪惡感的時候會開始洗手。那是一種象徵……好像他們的雙手沾滿血腥一般。

所以如果你有錢，而它讓你有罪惡感的話。一種清洗你雙手的方式就是幫助慈善機構——這也是宗教用來剝削人們的一種方式。他們利用你的罪惡感來剝削你，但是他們持續強化你的自我，他們說你所做的是偉大的靈性工作。但是那跟靈性沒有任何關係；那只不過是他們用來試圖撫慰罪犯的方法。

還有另一種方式是：當一個人的罪惡感太深時，他不是發瘋就是自殺。因為他的存在已經變成了一種極度的痛苦，每一口呼吸都變得如此沉重。然而奇怪的是，他一輩子的工作就是為了獲得這些金錢——因為社會煽動人們對於財富與權力的慾望與野心。金錢確實會帶來權力：它可以買到所有東西，只有少數幾樣事物是金錢無法購買的。但是沒有人會在乎那少數幾樣事物。

靜心是金錢無法購買的，愛是金錢無法購買的，友誼是金錢無法購買的，感激是金錢無法購買的——但是沒有人關心這些東西。除了這幾樣事物以外，所有其他的東西、全世界的東西都是金錢可以購買的。所以，每個孩子開始攀爬野心的階梯，而且他知道如果他有錢的話，那麼所有一切都是可能的。

這個社會培育出野心、權力、財富的概念。這絕對是一個錯誤的社會。它製造出心理上的疾病，它讓人們神智不清。而當人們達到社會以及教育系統所給予的目標時，他們才會發現自己來到了死胡同。道路到此為止；之後什麼都沒有。所以人們如果不是變成虛假的宗教人士，那麼他們就只好透過發瘋、自殺等方式來毀滅自己。

金錢可以是一樣美好的東西，如果它不在個人的手裡，而是屬於社區、社會的一部分，然後社會照顧每一個人。社會裡的每個人都進行創造、每個人都有所貢獻，但他們獲得的酬勞不是金錢——他們的酬勞是敬重、他們的酬勞是愛、他們的酬勞是感謝，而且他們得到生活所需的一切事物。

金錢不應該落入個人手中；否則它會製造出這種罪惡感的問題。金錢可以使人們的生活非常富裕，如果是由社區擁有金錢的話，社區可以給你所有你需要的設施、所有你需要的教育以及生命裡所有創造性的向度。這個社會可以因此而變得富裕，而且不會有人覺得有罪惡感。同時由於社會給了你這麼多的東西，你會想要服務社會以作為回報。

如果你是醫生，你會竭盡你所能去服務；如果你是外科醫生，你也會盡你所能的去服務，因為是這個社會幫助你成為最好的醫生，給予你所有的教育、給予你所有的設施、從你的童年就開始照顧你。

這就是我所謂孩子應該屬於社區的意思，而這個社區應該照顧到每個人的需要。人們所創造出來的東西不應該被個人所囤積；那是社區的資源。它會是你的，它會支持你，但是它不應該在你的手裡。這麼一來它不會讓你變得富有野心；相反地，它會讓你變得更有創造力、更慷慨、更心存感激，而這個社會會持續變得越來越幸福、美好。如此一來，金錢不會是個問題。

社區之間可以透過金錢來進行交換，因為每一個社區無法擁有所有它需要的東西。它可以從別的社區購買；那麼錢可以是一種交換的工具，但是它是社區與社區之間的交換，而不是個人與個人之間的交換。藉由這種方式，每個社區都能夠得到它所缺少的東西。所以，金錢的基本功能會持續下去，但是金錢的所有權會從個體轉換來到群體。對我而言，這是基本的共產主義：金錢的運作從個體轉換來到群體。

但是宗教不會想要這種方式，政客也不會想要這種方式，因為他們的整個遊戲會因此而被摧毀。他們的整個遊戲正仰賴於野心、權力、貪婪與慾望。

宗教的存在幾乎完全仰賴於那些非宗教的事物，這麼說似乎很奇怪……或者更恰當的說法是：宗教的存在幾乎完全仰賴於那些反宗教的事物。他們利用那些東西，但是表面上，你看不出這一點。你看到慈善機構，但是你不知道慈善機構是怎麼來的，還有為什麼會有這樣一個機構。

首先，為什麼需要慈善機構？為什麼會有孤兒、乞丐呢？為什麼一開始我們要允許乞丐和孤兒的情況發生呢？其次，為什麼會有人願意從事慈善事業、捐獻金錢，奉獻他們的一生做慈善工作，並且服務窮苦呢？

從表面上，每件事情看起來似乎都是對的，但這是因為我們生活在這種架構裡太久了；否則，這絕對是荒謬不合理的。如果是社區照顧孩童的話，社會上不會有孤兒的出現，而且如果社區擁有一切東西，那麼不會有人是乞丐；人們分享一切共有的。但是這麼一來，宗教就沒有了剝削的機會，他們沒有窮困的人好安慰；他們也不會有那些需要擺脫罪惡感的有錢人。這就是為什麼各個宗教是如此強烈地反對我。我的工作幾乎像是一個掘墓者，持續不斷挖掘著美麗的大理石墳墓，暴露出其中的骸骨。沒有人想看這些東西，人們都害怕屍骨。

我有一個朋友曾經是醫學院的學生，當我旅行的時候，我有時候會住在他那裡。如果我必須在某個地方過夜，與其待在車站裡，我會住到這個學生所待的青年旅館。有一天深夜裡，我們還在討論許多事情，然後話題轉到鬼魂身上。我只是跟他開玩笑；我說：「鬼魂真的存在。奇怪的是你們怎麼都沒有遇過呢。」

當時房間裡大約有十五位學生，他們說：「不，我們不相信鬼魂，我們解剖過很多屍體；我們從來沒發現任何靈魂，也沒有鬼魂，什麼都沒有。」

所以，我和我的朋友做了一些準備……在他們外科病房外有很多骨骼標本，另外還有一區是進行驗屍的地方，裡面有著過世的乞丐、被謀殺或自殺的屍體——那是一個大城市，是那一州的首都。這兩區相連在一起，走廊的一邊是骨骼標本，另外一邊則有很多屍體等著進行驗屍。有誰會在乎這些乞丐或這樣那樣的人呢？——每當教授們有時間的時候，他們會來進行解剖，說明這個人的死亡原因。

我跟我的朋友說：「你做一件事：明天晚上你躺在房間裡放置屍體的擔架上，我會把你的朋友帶進來，你什麼事情都不用做，然後在我跟你朋友們談話到一半的時候，你就坐起來，從躺著直接坐起來。」

那是很簡單的事；其中沒有任何困難的地方。所以他說：「好，我會這麼做。」

但是問題出現了……事情變得複雜起來。我們進入了外科室，我的朋友正躺在那裡。當我們進去時，他坐了起來，結果那十五個人都開始發抖。他們不敢相信自己眼睛所看到的，死人會突然坐起來！但是，問題弄假成真，因為突然間有個真正的死人坐起來了！我那位假裝死人的朋友跳起來說：「真的有鬼！看那具屍體！」

那是一場誤會，那個人只不過是昏迷了，結果幾個雇工在半夜把他搬進來跟屍體放在一起。然後他恢復意識，所以他坐了起來。當他聽到人們說話的聲音時，他以為那是早晨該起床的時間，他還問說發生了什麼事情。連我一開始都搞不清楚到底怎麼了，因為我只送了一個人來惡作劇而已。這第二個人？……我們開始離去，而那個人大聲喊叫：「等一下，我還活著！為什麼我會在這裡？」

我們關上門說：「不關我們的事，」然後我們離開了。我很難說服我的朋友，那個躺在那裡的人不是鬼，那只是個誤會。他說：「但是不要再有下一次了！幸好他是在你們都來了之後才坐起來，如果他在我一個人躺在那裡時坐起來的話，我一定會嚇死！」

如果你持續不斷地挖掘那些醜陋、沒有人想看的根源……這就是為什麼像性、死亡或金錢這些字眼會變成一種禁忌。這些話題沒有什麼不能在餐桌上談的，但是我們已經深深地壓抑它們，我們不想要有人把它們挖掘出來。我們會害怕，我們害怕死亡，因為我們知道自己遲早會死，而我們不想死。我們只想閉上眼睛，活在「每個人都會死，只有我除外」的情況裡。這就是每個人的普遍心態：「我不會死。」

談論死亡是一種忌諱。人們會害怕，因為那讓他們想到自己的死亡。他們是如此關心生活裡的瑣事，而死亡正在逼近！他們需要那些瑣事讓他們保持忙碌。那些瑣事的功能就像是簾幔一樣：他們不會死，至少不是現在。那是稍後的事……不管它何時發生，到時候再說。

他們害怕性，因為它牽涉到很多嫉妒的部分。他們自己的生命經驗是苦澀的，他們愛過卻失敗了，所以他們真的不想再提起這個主題——那令人痛苦。

所以，金錢也是同樣的情況，因為金錢會馬上製造出社會階級制度。如果有十二個人坐在桌子旁邊，你馬上可以把他們區分出階級；在那個片刻裡，什麼共通處、什麼平等性都不見了。有些人比你富有，有些人比你貧窮，突然間你們不再是朋友而是敵人，因為你們全都為了同樣的金錢而爭戰，你們搶奪相同的金錢。突然間你們不再是朋友而是競爭者、敵人。所以，至少在餐桌上吃飯的時候，你不希望有什麼階級，不希望有日常生活的爭鬥。你希望有個片刻可以忘掉這一切，你只想談論一些愉快的事情——但是這些都只是表相而已。

為什麼不創造出一種真正令人滿意的生活？為什麼不創造出一種生活，其中金錢不會製造出階級，而是帶給每個人更多的機會呢？為什麼不創造出一種生活，其中性愛不會帶來苦澀、嫉妒與失敗，而純粹只是一種享受？性愛跟其他的遊戲其實沒什麼兩樣，只不過它是生理上的遊戲罷了。

這是很容易可以理解的……我不了解為什麼情況會是這樣。如果我愛某一個女人，而她喜歡另外一個男人，這有什麼不可以呢？那並不會妨礙我的愛；事實上，我會更愛她，因為她被更多人所喜愛！我選擇了一個真正美好的女人。一個只有我才愛的女人必然是個醜陋的女人，她在全世界居然找不到其他人來愛她。那才真的是地獄！

而且，如果她偶爾喜歡跟別人在一起有什麼不對呢？一個具有了解的心會因為她的快樂而感到快樂。如果她跟你在一起很快樂，那很好；如果她跟別人在一起很快樂，那也很好。那完全沒有問題。

我們必須停止那些持續不斷倒入我們頭腦裡的老舊謬論，什麼一夫一妻制、一對一關係、忠貞不二，這些全都是謬論。當這個世界上有這麼多出色的人，為什麼不可以有所混合呢？你打網球；但這並不表示你一輩子都得跟同一個夥伴打網球，承諾你的忠貞。生命應該更為豐富些。

所以，只需要一點點的了解，愛不會是問題，性也不會是禁忌，死亡也不會是禁忌。一旦你的生活沒有問題、沒有焦慮；一旦你全然接受生命的一切，死亡就不是生命的結束，而是它的一部分。當你全然接受生命時，你也就接受了死亡；它只不過是一種休息罷了。你工作了一整天，到了晚上，你難道不想休息嗎？

有一些神智不清的人不想睡覺。我見過一個被帶到我這裡來的人，因為他不睡覺。他整個晚上都努力讓自己保持清醒。他的問題在於：他害怕自己如果睡著了，誰能保證他會醒過來？現在，誰敢保證呢？這真是個大麻煩——誰能夠向他保證呢？他說：「你必須保證我會醒過來。有什麼能夠證明我不會一直睡下去呢？我看過很多人只不過是睡個覺就……結束了！然後人們說這些人死了，把他們送到火葬場去焚化。我不想被焚化，所以我為什麼要冒這個風險？睡覺是危險的！」連睡覺都能夠變成一個問題。

死亡是一場稍微久一點、稍微深一點的睡眠。我們每天的睡眠幫助你恢復活力，讓你能夠再度更好、更有效率地運作。睡覺讓你所有的疲勞都消失了；你再度變得朝氣蓬勃。死亡在一個更深的向度上有著同樣的效果。它換了一個身體，因為這個身體已經無法藉由平常的睡眠來恢復活力；它太老舊了。它需要一種較為徹底的改變；它需要一個新的身體。你的生命力想要一個新的形體。死亡其實就是一種睡眠，好讓你能夠容易地進入一個新的形體。

一旦你全然地接受生命，生命也包含了死亡。那麼，死亡不是對抗生命，反而是一個僕人，就像睡覺一樣。你的生命是永恆的；它一直一直會永遠存在著。但是身體不是永恆的；它必須更換。當它老舊時，與其拖著這具老舊的身體，最好還是擁有一個新的身體、新的型態。

對我而言，一個具有了解的人不會有任何問題。他會有一種清晰的視野——因此問題會消失，而留下無比的寧靜；一種極度美好、充滿祝福的寧靜。

問題　為什麼我總覺得性和金錢在某種程度上有著很深的關聯呢？

它們確實是有關聯的。金錢就是力量；因此它可以運用在許多方面。它可以購買性，自古以來一直都有這樣的例子。許多國王擁有上千名妻子，甚至在二十世紀，海德拉巴王國的尼贊王（Nizam of Hyderabad）就擁有五百名妻子！

據說克里希那擁有一萬六千名妻子，我以前總認為這樣太多了，但是當我知道幾十年前的尼贊王擁有五百名妻子時，那看起來就不算太多了——才多三十二倍而已！以人類而言那是可能的。如果你能夠應付五百個女人，為什麼不可以有一萬六千個女人呢？

世界上所有的國王都是如此；女人被當作家畜一般地使用。在某些大國國王的皇宮裡，女人是被編號的。國王無法記住每個女人的名字，所以國王會對他的僕人說：「帶四〇一號過來。」因為你要如何記住五百個人的名字呢？號碼……就像是軍人被編號一樣；那些女人沒有名字只有號碼。而這帶來很大的差別。

因為數字絕對是數學的；數字不會呼吸；它們沒有心、它們沒有靈魂。當一個士兵在戰爭中陣亡時，你只會在公告欄上看到「十五號死亡」。現在，「十五號死亡」是一回事，但如果你清楚說出這個人的名字時，情況就完全不一樣了。這麼一來，他是某人的丈夫，而他的妻子現在成了寡婦；他是個父親，而他的孩子現在也成了孤兒；他是年邁雙親唯一的支柱，現在這個支柱消失了，一個家庭變得殘缺；這個家庭的光源熄滅了。但是，如果是十五號死了，十五號沒有妻子。記住；十五號沒有孩子，十五號沒有年邁的雙親。十五號只是十五號而已！而且十五號是可替代的——另一個人會出現變成這個十五號。可是沒有任何一個人是可以被取代的。為士兵編號是一種詭計，一種心理學上的計謀。它有它的好處……沒有人會去注意某個號碼不見了；新的號碼會持續不斷地取代舊的號碼。

以往的女人也被編成號碼，而且那完全依照你的富裕程度而定。事實上，在古代，那是唯一用來衡量人們富有程度的方式；那是一種衡量的標準：他擁有幾個妻子？

長久以來，女人一直被剝削利用，而她們被剝削的方式就是透過金錢！全世界都因為嫖妓的問題而飽受困擾；它貶低了人類。娼妓是什麼呢？女人被貶低成一種工具，而你用錢就可以買得到她。

但是，好好地記住這一點：你的妻子其實沒有什麼差別。一個妓女就像是一輛計程車，而你的妻子則像是你自己的車子——一項永久契約。貧窮的人沒有辦法訂立永久契約；他們只能使用計程車。有錢人可以訂立永久契約，他們可以擁有自己的車子，而一個人越是有錢，他的車子就越多。我知道有一個人擁有三百六十五輛車子——一年裡面，他可以一天開一輛車。而且，他還有一輛用純金打造的車子……

金錢就是權力，權力可以購買一切。所以你沒有說錯，性與金錢之間是有某些關聯的。

還有一件事情是你要了解的。一個壓抑性的人會更在意金錢，因為金錢成了性的替代品。金錢成了他的愛。看看那些貪婪的人或是那些金錢狂熱份子，他們觸摸百元鈔票的樣子就像是在愛撫愛人一樣！他注視黃金的樣子，注意看他的眼睛——那是如此地浪漫，甚至連偉大的詩人都會自嘆不如。金錢成了他的愛人、他的女神。在印度，人們甚至會膜拜金錢。人們有一個特定的日子來膜拜金錢，而且是真的錢，不論是紙鈔、硬幣還是盧布，他們都會膜拜。一群聰明的人卻做出這種愚蠢的事情！

性可以被轉移到很多方向。如果性受到壓抑，它可能會轉變成憤怒。因此士兵必須要禁慾，讓性能量變成憤怒、盛怒以及破壞性的能量，好讓他比平常更為暴力。性也可以轉變成企圖心。如果你壓抑性，當性受到壓抑時，你會有多出來的能量，然後你可以把它導向任何一個方向；你可以用它來追求政治權力、你可以用它來追求更多的金錢、你可以用它來追求名望、聲譽、面子、苦修等等。

人類只有一種能量，那就是性能量。你的內在沒有很多種能量。而這唯一的能量被用在各種不同的追求上。它是一種極為強而有力的能量。

人們追逐金錢，因為他們抱著一種希望，一旦他們更有錢的話，他們可以擁有更多的性。他們可以擁有更多美女或俊男；他們可以擁有更多不同類型的對象。金錢給予他們選擇的自由。

一個不受性慾束縛的人，他的性慾會有所蛻變，他也不再會受到金錢的束縛，野心的束縛以及名聲的束縛。所有這一切會立刻從他的生活中消失。當性能量開始上升時，性能量會開始轉變成愛與靜心，然後所有較低層面的體現都會消失。

不過，性和金錢確實是有密切相關的。你的看法有某種程度的真實性。

一位矮小又充滿皺紋的顧客在豪華妓院的樓上大叫：「不！不！不是那樣！我要照我的方式，我們在布魯克林時那樣的方式。停下來！照我的方式做，否則免談！」

老鴇爬上樓，撞開女孩的房門：「塞爾達，妳到底怎麼了？」她說：「照他的方式做。」

老鴇走了之後，這個女孩就躺下來，男人用他例行的方式跟她做愛。結束之後她坐了起來，穿上睡袍，點了一根菸說：「海米，這就是你的方式，嗯？」

他在床上驕傲地說：「對！」

「你在布魯克林就是這麼做的嗎？」

「妳說對了！」

「所以，是什麼這麼不一樣？」

「在布魯克林，這種方式是免費的。」

人們如此執著於金錢，就像他們執著於性一樣。這種執著能夠被轉移到金錢上，金錢帶給你購買力，你可以購買一切。當然，你買不到愛，但是你可以買到性。性是商品；愛不是。

你買不到虔誠，但是你可以買神職人員。神職人員是商品，而虔誠不是商品。那些金錢可以買得到的東西是平凡的、世俗的。那些金錢無法購買的東西是神聖的。記住一點：神聖的東西往往是超越金錢的，世俗的東西永遠在金錢的權力範圍之內。而性是這個世界上最世俗的東西。

一個男人進入芝加哥一間黑社會組織經營的摩登妓院，他們正計畫要轉型成為現代化經營，而這家妓院在一棟摩天大樓的旅館裡面佔地好幾層樓。接待他的是一位年輕可愛、穿著性感制服的接待員，她讓他坐在柚木的會客桌上，然後她問他打算花多少錢。她解釋費用從五塊錢美金到一千元美金不等，依照他想要的品質以及女孩的數量而定。所有的細節都顯示在一個內部電視螢幕上，較低的樓層費用較高，因為房間裡的天花板較高，然後床的上方還有鏡子，並且同時有三、四個女孩在床上為你服務等等。較次級的享樂價格較低，最低的價錢是五塊錢美金，由一個「極度醜陋，又下巴長毛的老女人」提供服務，這個年輕可愛的接待員向這個男人詳細說明著。

這位顧客想了一想，他最後終於說：「有比五塊錢還便宜的嗎？」

這個接待員說：「當然，七樓頂的花園裡，射一次一塊錢，自助式的。」

金錢當然跟性有關係，因為性是金錢可以購買得到的。任何可以經由購買而得到的東西都屬於金錢的世界。

記得一件事：如果你所知道的事物都是那些可以買賣的事物，你的生命是空虛的。如果你所知道的都是那些可以被販賣的商品，你的生命會是一種全然的枉然。開始讓自己去了解那些無法被買賣的東西，那麼你會發現自己第一次開始展開翅膀，第一次開始高飛在天空裡。

偉大的國王頻毗娑羅王(Bimbisara)去找馬哈維亞。他聽說馬哈維亞已經到達成道、三昧(Samadhi)的境界。在耆那教的專門用語中，這稱為samayik——靜心的最終境界。頻毗娑羅王已經擁有世界上所有的一切，但是他開始擔憂：「這個靜心的最終境界是什麼？三昧又是什麼呢？」他沒有辦法放鬆，因為這是他第一次意識到有些東西是他沒有的，而他這種人在沒有得到他想要的東西之前，他是無法感到滿足的。

他長途跋涉來到山上，找到馬哈維亞對他說：「你的samayik要多少錢？我要買它。我可以給你任何你想要的東西，不過你要告訴我這個samayik、三昧、靜心——它是什麼東西？它在哪裡？先讓我看一眼！」

馬哈維亞對國王的愚蠢行為感到很訝異，但是他是一個有禮貌、柔和又優雅的人。他說：「你不需要大老遠來到這裡。在你自己的首都裡，我有一個門徒已經達到相同的境界，他很貧窮，所以他可能會願意把它賣給你。我不願意賣它，因為我不需要錢。你看我全身一絲不掛，我甚至不需要衣服，而且我完全心滿意足，我沒有任何需要，所以我要你的錢做什麼呢？就算你要給我整個王國，我也不要。我曾經擁有我自己的王國——但是我放棄了它。我曾經擁有你所擁有的一切！」

頻毗娑羅王了解如果馬哈維亞曾經擁有一切卻都放棄了，那麼他很難說服這個人把三昧賣給他。當然，金錢對他而言也不會有任何意義。所以他說：「好，這個人是誰？給我他的地址。」

馬哈維亞告訴他：「他很窮，他住在你城市裡面最窮困的地區。你可能從來沒有去過那個地區。這是他的地址……你去問他。他是你的人民，也許他會把它賣給你，而且他非常貧窮。他有太太、孩子還有一個大家庭，他真的很窮。」

這是一個玩笑。但是頻毗娑羅王很高興地回去了，他直接去了首都的貧民區，他從來沒有去過那裡。人們簡直不敢相信自己的眼睛——他那用黃金打造的馬車以及數千個士兵都跟隨在他後面。

他們停在那個窮人的茅屋前面。這個窮困的人過來觸摸國王的腳頂禮說：「我可以為你做些什麼？請儘管吩咐。」

國王說：「我來買一種叫做三昧、靜心的東西，不論你要什麼樣的價錢，我都願意付。」

這個窮人開始哭了起來，他淚流滿面地說：「很抱歉，我可以給你我的生命，我可以立刻為你而死，我可以砍下自己的頭，但是我怎麼能夠給你我的三昧呢？那不能賣也沒辦法買——那不是一種商品。那是一種意識的狀態，馬哈維亞一定是在跟你開玩笑。」

除非你開始了解那些無法買也無法賣的東西，除非你了解那些超越金錢的東西，否則你無法了解真正的生命。性無法超越金錢，愛超越金錢。把你的性蛻變成愛，把你的愛蛻變成靜心，那麼遲早有一天，連頻毗娑羅這樣的國王都會開始嫉妒你。成為一個馬哈維亞、成為一個佛陀、成為一個耶穌、一個查拉圖斯特、一個老子。唯有如此你才真正的活過；唯有如此你才會了解生命的奧祕。

金錢和性是最低的層面，而人們卻只活在金錢和性的世界裡。他們認為自己在生活著，但是他們不算是在生活，他們不過是混日子，不過是等死而已。這不是生命。生命裡還有許多國度尚未顯露出來，那是一種不屬於這個世界的無盡寶藏。性無法把這些帶給你，金錢也無法。但是你可以實現它。你可以運用你的性能量去達成它，你可以利用金錢的力量達成它。當然，它無法藉由性或金錢而達成，但是你可以利用你性能量與金錢的力量，以一種藝術性的方式創造出一個空間，讓那些超越性的部分得以出現。

我不反對性，我也不反對金錢，記得這一點。總是記得這一點！我的重點在於幫助你超越它們，我絕對支持你超越。

把每一件事情當成一個踏板，不要否定任何東西。如果你有錢，你會比窮人更容易靜心。你可以給自己更多的時間，你可以在家裡面安排一間小佛堂；你可以擁有花園、玫瑰花，在其中靜心會更容易些。你可以讓自己去山上放幾天假；你可以離群索居單獨生活而不需要擔憂任何事情。如果你有錢，那麼把錢花在某些金錢無法購買的東西上面，金錢無法購買到這些東西，但是金錢可以創造出一個適當空間讓它發生。

如果性能量一直被局限在性的層面上，那是一種浪費，但是如果它的品質開始有所蛻變，那麼它會變成一種極大的喜樂。不要再為了性而性，而是把性作為一種愛的融合，把性當成兩個靈魂的結合，而不只是身體的交合。把性當成雙人能量的靜心舞蹈，當男人和女人一起共舞時，那個舞蹈會變得更為豐富，而性就是這個舞蹈的最高峰：兩股能量會合、融合、舞蹈、歡欣。

把它當成一個墊腳石和跳板。當你到達性高潮的頂峰時，覺知那些正在發生的。然後你會很驚訝地發現——時間消失了，頭腦消失了，自我也消失了。在那個片刻裡，只有完全的寧靜。這個寧靜才是真實的。

你也可以經由其他方式達到這同樣的寧靜，而且比較不浪費能量。這個寧靜、無念、永恆的狀態，也可以經由靜心而達成。事實上，如果當一個人有意識地進入他性的經驗裡時，他遲早會成為一個靜心者。他性經驗的意識遲早會讓他覺知到，這同樣的狀態也可以在不涉及性慾的情況下發生。這同樣的狀態也可以發生在一個人獨自靜坐，不做任何事情的時候。頭腦可以被放掉，時間可以被放掉。而當你放掉頭腦、時間和自我的那一個片刻時，你就充滿了高潮。

性的高潮非常地短暫，而任何短暫的事物總會在人們醒過來時帶來挫折、痛苦、不快樂、悲傷和懊悔。但是這種高潮的品質可以成為你內在一個持續不斷的現象——它可以成為你真正的芬芳。但是，這只有經由靜心才能夠發生，而不可能只透過性。

使用性，使用金錢，使用這個身體，使用這個世界，但是我們必須超越。讓這個「超越」(beyond) 成為你永遠的目標。

問題

多年以來，我一直冒險過著入不敷出的生活。而到目前為止，我不僅活著，而且有時候我還覺得受到無比的祝福。但是自從我再度回到主流社會，而且年齡到了四十八歲之後，我變得越來越注意以及擔心我的健康保險，並且試著為自己創造一個經濟基礎。

什麼叫做：生活在社會中，卻不掉進追求穩定的心理陷阱，而錯過那些經由從不安而成長的信任。

你首先要了解的一件事就是生命是沒有保障的。沒有任何保險可以對抗死亡，而你越是讓生活變得安全、有保障，它就越是會變得枯竭而成為一片沙漠。

不安全意味著你必須保持清醒，警覺到所有的危險。而生命永遠走在剃刀邊緣。這種想要安全、有保障的概念是危險的，因為這麼一來，你就不需要保持任何警覺與意識了。事實上，為了避免警覺和意識，你才會想要安全和保障。

帶著所有的不安全感，一個片刻接著一個片刻地生活。樹木生活著、小鳥生活著、動物們生活著；牠們不知道任何關於保險的事情，牠們不知道任何關於保障的事，牠們不關心這些，而這就是為什麼牠們每天清晨都在歌唱。

你無法每天清晨都歌唱，或許你從來不曾在清晨歌唱過。你的夜晚充滿了不安的惡夢，危機四處埋伏，到了早晨，你醒來的時候並不愉快——你又再度醒來面對這充滿不安、問題和焦慮的一天。

但是，聽聽那些鳥兒的歌唱——我不認為牠們失去了任何東西。看看那些麋鹿，牠們的美麗和敏捷，看看那些樹木，它們隨時都可能遭到砍伐，但是它們並不擔心。它們關心的是當下這個片刻——不是下個片刻。而這個片刻，其中充滿喜悅與和平，一片綠意，到處充滿了生命力。

我可以了解你的年齡越來越大，你的擔心，當一個人年紀越大時，他就會越覺知到死亡的接近。但是你沒有辦法避免死亡，如果你無法避免死亡——沒有人能夠逃避死亡——那麼最好不要去擔憂它。該發生的就是會發生，為什麼要讓那些還沒有發生的事破壞你的現在呢？讓它先發生；然後你再來擔憂。讓死亡先來臨；然後在墓穴裡你有永恆的時間來擔心安全與保障——事實上，你也不會有其他事情可以擔憂了！一天二十四小時，你可以在墓穴裡翻來覆去——那是絕對隱密和安全的地方。你甚至沒有辦法出來，別人也進不去。只有那些已經躺在墓穴裡的人是絕對安全的；沒有任何事情會發生在他們身上。

你越是充滿活力，你就越是會喜愛不安，因為這份不安會讓你的聰慧更銳利，讓你的警覺性更敏銳，讓你的意識持續滋長。

你可曾注意過偉大的科學家幾乎都不是來自於富裕的家庭？偉大的詩人或神祕家也

一樣。富裕的家庭對意識的發展或人類的成長沒有多少貢獻。為什麼呢？因為一個咬著金湯匙出生的孩子不需要擔心安全與保障，他所有的一切都已經是安全無慮的。很自然地，這會鈍化他的頭腦，他沒有挑戰；他身邊永遠圍繞著僕人、各類設施與奢侈品。他甚至沒有時間想到意識、覺知和靜心這些東西。

我聽說加州旅館的門前停了一輛勞斯萊斯的豪華轎車，而坐在車內的女士對守衛說：「去找四個挑夫來，把我的孩子抬到房間裡。」

守衛無法相信他聽到的話，但是他非常同情這個可憐的孩子——或許他沒辦法行走。但是，那個孩子看上去非常健康……那麼他一定是太胖了，他絕對有某個地方有問題，因為這是第一次有人需要被抬上去，而且這個孩子還不到十歲。所以四個挑夫被叫來了；他們抬著這個男孩，但是他們也被搞糊塗了，所以他們問這個男孩：「你沒有辦法走路嗎？你哪裡有困難嗎？」

他說：「我沒有問題，我能夠走路。但是我不需要走路——我付擔得起讓別人來抬我的價錢。只有窮人才要走路。如果我有能力雇人抬我到房間，我為什麼要表現得像窮人一樣呢？」

這些挑夫忍不住對他的母親說：「這樣不好。」她說：「不用你們擔心。如果這個孩子要出門，我會找人把他抬進車子裡。當他回來了，再找人抬他回房間。他是我的孩子，我唯一的兒子，我要給他所有一切的豪華事物，以及一切舒適的設備。不要擔心，我們付得起；不論你們收費多少，我們都會付。」

現在，這個男孩有可能會想到任何關於靜心、意識或覺知的事情嗎？找尋真理這種想法會出現在他的內在嗎？不可能，他只會一直像個植物人一樣。

幾年前，全世界到處都有嬉皮——他們全都不到三十歲。然後一個奇怪的現象發生了，但是卻沒有人注意到……三十歲之後，那些嬉皮都消失到哪裡去了呢？三十歲之後，他們開始擔心安全和保障。人生已經過了一半，他們過去盡情享受，但是現在年紀大了，死亡即將來臨，他們忘掉所有嬉皮的哲學，他們突然變得循規蹈矩！我的朋友告訴我那些原本不愛洗澡、不刮鬍子也不刷牙的嬉皮，他們現在的行為舉止變得完全正常——他們洗澡、刮鬍子又刷牙。他們都在工作，而且在辦公室、工廠裡有效率地工作——那些嬉皮們全都消失了。

當一個人開始變老的時候，死亡的影子會開始籠罩著他；它讓人產生恐懼。但是對一個靜心者或追尋的人而言，死亡並不存在。

如果你害怕那即將來臨的死亡和危險，那表示你尚未深入靜心裡；靜心對你來講不過是種流行而已。

現在，該是你真實、誠懇地進入靜心裡了，因為這是唯一的空間，能夠讓你免於對死亡、年老與病痛的恐懼。

靜心使你覺知到你並不是這具身體，也不是這個頭腦，而且你並不是只有這一輩子——你是永恆的生命。死亡曾經發生過很多次，而你仍然還活著，死亡還會繼續發生很多次，而你依然會活著。

靜心的最終結論是：全然極致而喜悅地活在當下，因為沒有什麼需要害怕的——甚至連死亡也是一個幻象。安全感和保障是不必要的，一個片刻接著一個片刻地生活著，信任存在，就好像鳥兒信任它，樹木信任它一樣。不要把你自己隔離於存在，成為它的一部分，而存在會照顧你——它一直都照顧著你。

一個巡迴的業務員，他提早完成了他的工作行程，所以他發了一通電報給老婆：「星期五回家。」

回到家的時候，他發現老婆跟別的男人躺在床上，身為一個非暴力份子，他去向他的岳父抱怨：「我確定那必然是有原因的。」

隔天，岳父笑容滿面的說：「那確實是有原因的：她沒接到你的電報。」

這就是頭腦的模式：如果你深入地看，頭腦根本是愚蠢的——每一個頭腦都是。頭腦一直不斷地製造出各種擔憂與掛慮。我要告訴你的是：你不是這個頭腦，你不需要任何原因和理由，你需要的是經驗，正因為你少了那個經驗；才會有這些問題出現。

不要太過理會頭腦說了什麼、想了什麼；對它一笑置之。避開頭腦的遊戲，超越這個頭腦，來到那個只有寧靜存在的地方……其中沒有不安全感，沒有安全問題。在那樣的寧靜裡，一切都是安全的。

你是這整個存在的一部分。你的擔憂就像是樹上的葉子擔心它自己的安全一樣。這棵樹木照顧所有一切，它提供葉子所需的滋養，它對抗地心引力把水汲取上來，它很高，它或許有一兩百呎高。樹葉不會擔心，這片樹葉知道它不過是整棵大樹裡的一部分。

你是這整個浩瀚存在裡的一部分，當你不認為自己和存在是分離的時候，你所有的問題會立刻消失。換句話說，你的自我才是唯一的問題。

「我是」——這才是唯一的問題。

「我不是；存在才是」——這是唯一的解決之道。

問題　你是否能夠談談那些圍繞在金錢周圍的強烈情緒？似乎那在每個人身上

都有著很深的根源。

這是一個非常重要的問題。

財富可以給予你生活中所有買得到的一切，你幾乎可以買到所有的事物，除了那些具有靈性價值的事物，像是愛、慈悲、成道與自由。這些是例外，但是例外總是證明了法則的存在：你可以用金錢買到所有其他的東西。而且，因為所有的宗教都反對生命，所以它們也一定會反對金錢——這是很自然的結果。生活需要金錢，因為生活需要舒適，生活需要好食物，生活需要好衣服、好房子。生活需要美妙的文學、音樂、藝術、詩歌。生命是廣闊的！

一個不懂古典音樂的人是可憐的人；他是耳聾的。他或許聽得到，他的眼睛、耳朵、鼻子，他所有的感官功能就醫學而言絕對正常——但是就形而上而言……

你能夠了解偉大文學裡的優美之處嗎，像是《密爾達特之書》(*The Book of Mirdad*)？如果你看不到，那麼你是盲目的。我遇過一些甚至沒聽過這本書名的人。如果要我列出一張偉大書籍的書單，它會是第一本書。但是要能夠了解它的美，你需要受過相當的訓練。如果你想要了解古典音樂，你只能夠透過學習，而且是一趟長遠的學習。它不像流行音樂那樣不需要學習。你可以在瀑布裡找到更美的音樂，或者當風吹佛過松林間的時候，或者在秋天的森林中行走在乾枯的葉子上，一些美妙聲音被創造出來。但是要能夠懂得這些，你必須免於飢餓，免於貧窮，免於各種的偏見。

例如，有些宗教禁止音樂，但是那樣的做法剝奪了人們無比的經驗。

在新德里曾經有這樣的情況發生過……當最有權勢的皇帝，奧蘭澤夫(Aurangzeb)在位時，他不只是具有權勢，他還非常的可怕！在他之前，雖然回教的帝王們總是說音樂是違反回教精神的，但是也就只是如此而已；當時德里還是充滿了音樂家。但是奧蘭澤夫可不是個君子；他是一個暴君。他宣稱如果在德里聽到任何音樂聲，這個樂師就會被立刻斬首。而德里幾千年來都是首都，所以那裡住著各種類型的天才。

當這個宣告發佈時，所有的音樂家都聚集在一起，他們說：「這太過分了！我們必須做些什麼。他們以前只是說音樂違背了回教精神，那還好。但是這個人很危險，他開始要殺掉我們！」因此，為了抗議，上千名的音樂家來到奧蘭澤夫的皇宮外。

奧蘭澤夫出來到陽台上問這些人：「誰死了？」因為抗議的人用擔架抬一具屍體，就像是印度葬禮出殯的樣子。但裡面其實並沒有屍體，而是放了一些枕頭，他們只是把它弄得像屍體一樣。

奧蘭澤夫問：「誰死了？」

他們回達說：「音樂死了。而你就是兇手。」

奧蘭澤夫說：「太好了，它死了！現在，對我仁慈些——把墓穴盡可能地挖深一點，好讓它永遠不會從墓穴中再度出來。」

數千個音樂家以及他們的眼淚都無法打動奧蘭澤夫，他以為自己正在做一件「神聖」的事情。

回教徒否定音樂。為什麼呢？因為基本上在東方，音樂是由美麗的女子所演奏的。

東西方對於「妓女」有不同的定義。在西方，妓女出賣的是自己的身體；而過去的東方，妓女出賣的不是身體，而是她的才華、她的舞蹈、她的音樂與藝術。

你會很驚訝地知道，每一個印度國王都會把他即將繼承王位的兒子送到優秀的妓女身邊幾年，以便學習禮儀、溫柔、音樂和舞蹈的柔美精緻，因為一個國王必須在各方面都是豐富的。他需要了解美、他需要了解邏輯、他需要了解禮儀。那是印度的古老傳統。

回教徒瓦解了這樣的傳統，音樂違背了他們的宗教，為什麼呢？因為要學習音樂，你需要到妓院裡。而妓院裡充滿著笑聲、歌聲、音樂與舞蹈，他們完全禁止這些事情：「回教徒不進入任何有音樂的地方；聽音樂是有罪的。」有些不同的宗教也是如此，它們或許有著不同的理由，但是它們全都抨擊人類所具有的豐富。而其中最基本的教育就是你應該要放棄金錢。

你可以看出其中的邏輯。如果你沒有錢，你就無法擁有任何東西。與其斬斷分枝，這些宗教從最根源的地方下手。一個沒有錢的人會感到飢餓、他是一個乞丐，他沒有衣服。你沒有辦法期待他能夠了解杜斯妥也夫斯基（Dostoyevsky）、尼金斯基（Nijinsky）、羅素（Bertrand Russell）、愛因斯坦（Albert Einstein），不，那是不可能的。所有的宗教全都齊聚起來試圖讓人類盡可能的貧窮。他們是如此地譴責金錢，同時又極度地讚揚貧窮。而就我看來，他們是這個世界上最罪大惡極的人。

看看耶穌所說的話：駱駝可以穿過針眼，但是有錢人無法穿越天堂之門。你認為這個人是神智清醒的嗎？他準備讓駱駝穿越針眼這種不可能的事情發生，那是絕對不可能的事情，但是他願意接受並且讓那不可能的事情變得可能。但是讓有錢人進入天堂？那更是不可能的事情；絕對辦不到。

富裕受到譴責，豐饒受到譴責，金錢受到譴責。這個世界被區分成兩個陣營。百分之九十八的人生活在貧窮裡，但是感受到莫大的慰藉，因為有人告訴他們：他們即將去到一個有錢人無法進入的地方，在那裡天使們會彈著豎琴迎接他們，高唱著：「哈利路亞……歡迎！」

而百分之二的有錢人則因為他們的富有而生活在極度的罪惡感之中。因為這個罪惡感，它們無法享受自己的富有，在他們的內在深處，他們害怕自己或許無法進入天堂。所以他們進退兩難。富裕在他們內在創造了罪惡感，他們因此而無法得到上帝的慰藉，因為他們不曾受苦，所以他們不被允許進入天堂。因為他們在地球上擁有這麼多的東西，他們反而會被丟入地獄。

由於這種情況，有錢人生活在恐懼裡。即使他享受，或者他試圖去享受，但是他的罪惡感仍然會毒化那些東西。他可能跟一個美麗的女人在做愛，但是只有身體在做愛，他的頭腦在想著駱駝可以進入天堂，而他卻只能站在外面，無法進入。現在，這個人能夠做愛嗎？他或許正吃著最棒的食物，但是他無法享受，他知道人生是短暫的，在那之後有的只是黑暗與地獄之火。他們生活在恐慌當中。

窮人已經生活在地獄裡了，但是他生活在慰藉裡。常常在貧窮的國家裡，人們比那些生活在富裕國家裡的人還容易知足。我見過印度最貧窮的人，他們沒有任何不滿足，而同時美國人則在全世界到處尋找心靈導師——這是很自然的，因為他們不想被駱駝打敗；他們也想要進入天堂的大門！他們想要找出某些辦法、某些瑜珈方式、某些練習活動好讓他們能夠進入天堂。

這整個世界已經轉向對抗自己了。

我尊敬金錢、財富，因為它可以讓你擁有多重向度的富裕。窮困的人無法了解莫札特，飢餓的人無法了解米開朗基羅，乞丐甚至不會去注意梵谷的畫。而且這些飽受飢餓之苦的人們，沒有足夠的能量能夠增長聰慧。只有當你擁有豐盈的能量時，你的聰慧才能有所增長，可是這些人光是為了賺取麵包和奶油就已經筋疲力竭了，他們不會有剩餘的能量去發展他們的聰慧。他們無法了解《卡拉馬助夫兄弟們》(*The Brothers Karamazov*)；他們只能到教堂去聽那些愚蠢的牧師講道。

聽眾不了解牧師在說些什麼，牧師也不了解自己在說些什麼。大部分的人都睡著了，經過六天的工作他們已經累了。而大家的熟睡也讓牧師覺得更舒服自在，因為這麼一來他不需要準備新的講稿，他可以一直沿用舊的講稿。反正大家都睡著了；沒有人會知道他在欺騙他們。

富裕和美妙的音樂、偉大的文學、偉大的藝術作品一樣地重要。

有人生來就擁有音樂家的天分，莫札特八歲就能夠彈奏優美的音樂。當他八歲的時候，其他偉大的音樂大師根本遠不及他，這個人生來就有一種創造力。

梵谷從來沒有受過教育，他從來不知道任何藝術學校，但是他成為這個世界上最偉大的畫家之一。不過終其一生，他沒有賣出任何一幅畫，現在梵谷的畫只有兩百幅還留存著；他畫過上千幅畫。但是他會為了一包香菸、一頓飯或一杯茶而把那些畫作送給別人。而現在他的每一幅畫都價值數百萬美元。到底發生了什麼事？為什麼當時的人們無法了解他的畫呢？他的畫需要極具聰慧的人才能夠了解。

就在幾天前，我看到他的其中一幅畫。那一幅畫曾經被所有的畫家嘲笑過，更不要說一般人了。因為沒有人能夠看得懂他所畫的星星，它們像星雲一樣，每顆星星都在移動，像輪子一樣不斷地轉動。有誰見過像這樣的星星呢？連其他的畫家都說：「你瘋了，這不是星星！」而且更過分的是，他把那些在星辰底下的樹木畫得高過了天上的星辰。那些星辰被遠遠留在後面；而樹木高高伸展超越了它們。有誰看過這樣的樹木呢？這真是瘋了！

但是幾天前，我看到的一張照片證明梵谷是對的：星星並非是人們所見的樣子；它們真的就像梵谷所畫的一樣。可憐的梵谷！他有著什麼樣的一種眼界，居然能夠看到物理學家花了一百年的時間，並且經由龐大實驗室與高度科技才能夠看到的東西。梵谷，真的是一個奇怪的人，他只單單用他的肉眼就看透了星辰的精確形狀。它們在旋轉著，它們就像是旋轉行者(whirling dervishes)一樣；它們不是你所看到的樣子。

而且當人們問他關於那些樹的情況：「你去哪找到這些比星辰還高的樹木呢？」他說：「當我坐在樹旁傾聽到它們的願望時，我發現了這些樹。我聽到這些樹木對我說：它們代表了大地渴望碰觸到星辰的願望。」

可能還需要再過幾個世紀，科學家們才能發現樹木真的是大地的願望。但是有一件事情是確定的，樹木的生長是反地心引力的，大地允許它們違反地心引力而生長，同時大地還支持它們、幫助它們。也許大地渴望跟星辰有所交流。大地是活的，而生命總是朝向高處、更高、更高的地方，它的願望是沒有極限的。

一般貧窮的人怎麼能夠了解這些事情呢？他們沒有這樣的聰慧。

就像有人天生就是詩人、天生就是畫家一樣，我要你記得有人天生就是財富的創造者。他們從來不曾受到讚賞。並不是每個人都能夠成為亨利·福特，那是不可能的。

亨利·福特誕生在一個貧窮的家庭裡，但是他卻成為世界上最富有的人。他必然有著某種創造財富與金錢的天賦或才能。而這樣的才能遠比繪畫、音樂或詩詞的創作還困難。創造財富不是一項輕鬆的工作。亨利·福特應該像音樂大師、小說家或詩人一樣受到讚揚。事實上，某種程度來說他應該得到更高的讚揚，因為他所擁有的金錢，讓他可以購買到詩歌、音樂和雕像。

我尊敬金錢，金錢是人類最偉大的發明之一，但它只是一個工具。只有白痴會譴責它；或許他們嫉妒別人擁有金錢而他們沒有。他們的嫉妒才是譴責背後的原因。

金錢只不過是物品交易的一種科學方法。在金錢出現之前，人們的處境才真是困難。當時全世界都是以物易物的系統。你有一頭牛，而你想要擁有一匹馬，這會變成你一輩子的任務……你需要找到一個想要賣馬而同時又想要買牛的人。這個任務太困難了！你或許會找到一個擁有馬卻不想買牛的人，或是你找到有興趣買牛但是卻沒有馬的人。

那就是金錢出現之前的情況。所以很自然地，人們的生活注定會是窮困的：他們沒有辦法出售物品；他們也無法購買物品。那是一種困難的處境，而金錢讓事情變得如此簡單。一個想要賣牛的人不需要找到另外一個想賣馬的人，他可以直接賣掉這頭牛，拿了錢之後，去找一個想要賣馬卻不想要買牛的人。

當金錢成為交易的媒介，以物易物的系統就從這個世界上消失了。金錢為人類提供了一項偉大的服務。而且因為人類開始擁有買賣的能力，人們很自然地開始變得越來越富有。

這一點是人們需要了解的，當金錢越是流通時，你就越是有錢。例如，如果我有一塊錢……我只是舉一個例子，我身上沒有一塊錢；我甚至連一毛錢也沒有。我甚至沒有口袋！有時候我會擔心如果我有了一塊錢，我要把它放在哪裡？

但是這只是一個舉例，如果我有一塊錢，而我一直把它存放在身邊，那麼在這個大廳裡就只有一塊錢。但是如果我用它買了一些東西，那麼這一塊錢會來到某人身上。我得到了價值一塊錢的東西，我可以享受它。你不能吃那一塊錢，所以如果你把它留在身邊，你要如何享受它呢？你只能夠透過花掉它而得到享受。我享受這一塊錢；然後這一塊錢到了某個人的手中。現在，如果他留著這一塊錢，那麼就只有兩塊錢而已：一塊錢我已經享受過了，而另外一塊錢由那個守財奴保存著。

但是如果沒有人緊抓不放，而且每個人都讓這一塊錢盡可能地流通，那麼三千個人就會有三千塊錢被使用過、享用過。而那還只是一回合而已，只要再多幾個回合，那就會有更多的錢。我們沒有加入更多的錢；事實上，只有一塊錢而已，但是在每一次的流通裡，那一塊錢會自己增長價值。

那也就是為什麼金錢被稱為「流通貨幣」(currency)。它必須是流通的，這就是我的意思。我不知道別人的定義是什麼。但是一個人不應該保留它，一旦你獲得它，用掉它。不要浪費時間，因為當你留著它的時候，你就阻礙了這一塊錢的增長，你阻礙它變得越來越多。

金錢是一項了不起的發明，它讓人們更為富裕；它讓人們擁有以往無法擁有的東西。但是所有的宗教都反對它。他們不要人類變得富裕，他們不要人類變得聰慧，因為如果人們是聰慧的，誰還會去讀《聖經》呢？

幾天之前，我收到一則消息，有一個無神論團體在美國出版了一本附有圖像的《聖經》。那本《聖經》被所有的基督徒與政府所譴責，因為它非常的色情，它比其他任何東西都色情，因為，在《聖經》裡面有許多色情的部分……如果只是閱讀《聖經》，你還不會意識到它們。像是我跟你們談過的索多瑪(Sodom)……在這本新的《聖經》裡，他們加入了男人跟動物做愛，還有女人跟動物做愛的畫面，其中有偷情，其中有獸姦，其中有強暴。凡是你說得出來的，《聖經》裡都有！這個世界上從來沒有任何一本書像這本《聖經》一樣地色情。

而且這本新的《聖經》並沒有加入任何原始《聖經》裡所沒有的東西，他們只是加入圖片而已。圖片是更容易了解的，光只是閱讀「強暴」這個字眼，你不會有什麼感覺，但是當你看一系列強暴的圖片時，然後你會突然開始察覺到——這是《聖經》嗎？

宗教從來不要人們是聰明的，宗教從來不要人們是富裕的，宗教從來不要人們是歡欣喜悅的。因為只有痛苦的人、窮困的人還有無知的人才會是教堂、猶太會堂、寺廟與清真寺的顧客。

放下所有被加諸在你身上的金錢概念，敬重它。創造富裕。因為唯有在你創造出富裕之後，許多其他向度才會向你敞開。對窮困的人而言，所有的門都是關閉的。

我要人們盡可能地富裕，盡可能地舒適。

第4章

夢幻與真實

頭腦只知道變化的世界，頭腦只知道夢與幻象。透過頭腦而生活的生命是一場夢幻的生命。這並不是說現實生活是假的；我並不是說存在是夢幻的。我說的是：你看待生命的方式是如此地無意識、如此地反覆無常，你內在的搖擺帶給你一個不斷變化而夢幻的世界。如果你達到內在的整合，達到內在的結晶，那麼你會發現，突然間，所有的變化消失了。你直接面對真實、這個真正的實相。

問題　一個人要如何在不壓抑慾望的情況下擺脫它們呢？

慾望是一個幻象；它們不是真實的。你無法滿足慾望，但是你也無法壓抑它們——如果你要滿足某件事情，它必須是真實的；如果你要壓抑某件事情，它也必須是真實的。需要是能夠被滿足的，需要也是能夠被壓抑的。慾望既無法被滿足，也無法被壓抑。

試著去了解這一點，因為它非常複雜。

慾望是一個夢想。當你了解這點的時候，它就消失了，你不需要壓抑它。你為什麼要壓抑慾望呢？你想要出名——這是一個夢想，這是一個慾望，因為身體不會因為為了想要出名而煩惱。事實上，當你出名的時候，你的身體會非常痛苦。你不知道當一個人變得有名時，他的身體是多麼地痛苦。完全沒有安寧可言；你會一直受到他人的打擾和麻煩，因為你太有名了。那些名人像是被監禁了一樣。

身體不需要成名；身體是完全沒有問題的。身體它不需要這些無意義的東西。身體需要的只是一些像是食物、飲水這麼簡單的東西；當天氣太熱或太冷的時候，身體需要一個庇護的地方。身體的需要非常簡單。是慾望讓這個世界變得如此瘋狂，而不是需要。但是人們真的瘋了——他們不斷削減自己的需要，然後增加他們的慾望。有些人寧願每天少吃一餐，也不能不看報紙，不能不看電影，不能不抽菸。他們可以不要食物——他們可以不顧自己的需要——但是他們無法不要慾望。這個頭腦已經變成了一個暴君。

身體永遠是美好的；記住這一點。這是我給你們的基本原則之一——一個永遠、絕對、必然真實的原則：身體永遠是美好的。醜陋的總是頭腦。需要改變的不是你的身體。它沒有什麼需要改變的。要改變的是頭腦，而頭腦代表的是慾望。身體擁有的是需要，而這些需要是真正的需要。

如果你要存活下去，你需要食物。生活不需要名聲；生活不需要人們的尊敬。你不需要成為一個超級偉人，或是成為一個超級畫家，或是擁有名聲、舉世聞名。你不需要成為諾貝爾獎得主才能活下去，因為一個諾貝爾獎無法滿足你身體上的任何需要。

如果你想要放掉需要，你必須壓抑它們——因為它們是真實的！如果你斷食，那麼你需要壓抑那份飢餓感。那麼一來，有一個壓抑在那裡……而任何一種壓抑都是錯的，因為壓抑是一種內在的抗爭。那就好像你要扼殺這個身體一樣——而身體是你的錨、你的船，它可以引導你超越。身體保護著你內在神性的種子；你內在的寶藏是受到保護的。為了這個保護工作，身體需要食物、身體需要水、身體需要庇護所、身體需要舒適，然而頭腦並不想要任何舒適。

看看這些現代化家具：它們一點也不舒服，但是頭腦說：這是現代化家具，你為什麼還坐在舊椅子上呢？這個世界已經改變了，現代化家具已經來臨了。這些現代化家具真的很奇怪，它們坐起來很不舒服；你沒有辦法在上面坐太久，但它是一種時尚！頭腦說你一定要現代化，因為你怎麼可以落伍呢？你必須跟得上時代！

那些時髦的衣服也很不舒服，但是它們很現代，而頭腦說你必須要跟上流行。人類為了時尚做出很多醜陋的事情。身體並不需要些什麼，這些都是頭腦上的需要，而你無法滿足它們——永遠沒有辦法滿足它們，因為它們並不是真實的！那些不真實的事物無法被滿足。你如何能夠去滿足一個根本不存在的不實需要呢？名譽有什麼必要性嗎？深思一下。閉上你的眼睛，觀照：身體哪一個地方需要它嗎？如果你出名了，它能對你有什麼幫助嗎？如果你出名了，你會因此更健康嗎？如果你出名了，你會更寧靜、更安祥嗎？你能夠從它身上得到什麼呢？

永遠把你的身體奉為圭臬。每當頭腦想要得到某樣東西時，問一問你的身體：「你會怎麼說？」如果身體說那很愚蠢，那你就放掉它。這不是壓抑，因為它不是真實的。你怎麼能夠壓抑一個不真實的事情呢？當你早上起床的時候，你想起一個夢。你需要壓抑它或是滿足它嗎？在夢裡，你夢到自己變成全世界的國王。現在，你要怎麼辦？你應該試著去實現它嗎？不然問題就來了：「如果我不嘗試，那是一種壓抑。」可是夢就是夢！你怎麼能夠壓抑一個夢呢？夢它會自己消失。你只需要保持覺知，你只需要知道那是一個夢就夠了。當你知道那是一場夢的時候，它就消失了。

試著去釐清什麼是慾望，而什麼是需要。需要是身體取向的；慾望不是身體取向的，它沒有根。它只是頭腦裡一個飄浮的思緒。你身體上的需要幾乎全都是來自於身體本身，而頭腦上的需要則是來自於別人。有人買了一部漂亮的車，一部進口車，然後你頭腦的需要出現了。你想要一部漂亮的車子——你怎麼能夠沒有它而活下去呢？

目拉那斯魯丁開著一部車，我坐在他的旁邊。當他開進他家附近的時候——那是一個很熱的夏天——他立刻將所有的車窗都關了起來。我說：「你在幹什麼？」他說：「你是什麼意思？難道你要讓鄰居知道我的車子沒有冷氣嗎？」我們兩人一直在流汗，車裡面像烤箱一樣，可是你怎麼能夠讓鄰居知道你的車子沒有冷氣呢？這就是頭腦的需要。身體說：「不要這樣！你瘋了嗎？」身體一直在流汗，它在說「不！」

總是傾聽你的身體；不要傾聽你的頭腦。頭腦的需要是由你周遭的他人所創造出來的；他們是傻瓜、笨蛋與白痴。

身體的需要是美好、單純的。滿足你身體的需要；不要壓抑它們。如果你壓抑它們，你會有越來越多的疾病。不要理會頭腦的需要；一旦你知道那是來自頭腦的需要時……而且，要偵測到頭腦的需要有那麼困難嗎？困難在哪裡？你可以很容易就知道什麼是頭腦的需要。你只要問你的身體就可以了；問一問你的身體；試著找到它的根源。看看它是否有任何根源？

你看起來很愚蠢。所有那些國王和皇帝看起來都很愚蠢。他們都是小丑——就是看著他們——穿著掛滿勳章的衣服，他們看起來真的很蠢！他們在做什麼呢？他們已經為了這些東西痛苦了很久。為了要達到現在的地位，他們經歷過許多痛苦，甚至現在還繼續痛苦著。他們是一定會痛苦的。因為頭腦是通往地獄的大門，而這道門不是別的事情，正是你的慾望。

如果你殺掉「慾望」的話——你不會發現有任何血從中流出來，因為它們沒有血。但是扼殺一個「需要」，那是會流血的。當你扼殺一個需要時，內在某一部分的你會因此而死亡。而當你扼殺一個慾望時，你不會因此死亡。相反的，你會變得更自由。有更多的自由會因為放掉慾望而出現。如果你能夠變成一個有需要而沒有慾望的人，那麼你就已經在這條道路上了，天堂也不遠了。

某種程度來說，我希望自己能夠對這個世界有重大的影響，我想讓它變成一個更好的地方。當一個人對靜心以及內心世界感興趣時，是否這也意味著他不再對人類所面臨的問題感興趣呢？難道其中沒有一展長才與天賦的空間嗎？

事實上，在你放掉自己的問題之前，你無法擁有一種正確的視野來了解這個世界的問題。當你自己的家裡都一團混亂，還有你自己的內在也一團混亂時，你要如何能夠擁有一個清楚的視野來了解這個龐大的問題呢？你甚至還不了解自己——先從了解自己開始，因為任何其他的起點都是錯誤的起點。

有很多人在他們自己的頭腦都還極度混亂時，就開始去幫助別人，並且提供他人解決方法。事實上，這些人在這個世界上所製造出來的問題，要比他們解決掉的問題還多。這些人才是真正的惡作劇份子。像是那些政客、那些經濟學家、那些所謂的公僕以及傳教士，那些人才是真正的惡作劇份子——他們都還沒解決自己內心的意識，他們就準備去協助任何他們碰到的人，解決他們的問題。事實上，透過這種方式，他們在逃避自己真實的情況：他們不想面對自己真實的情況。他們想要繼續忙碌於某人、忙碌於某處——這讓他們有充分理由保持忙碌，也讓他們有充分理由轉移自己的注意力。

記住：你就是這個世界的問題。你就是那個問題，除非你被解決了，否則不論你做些什麼，你都會把事情搞得更複雜。首先把你的家裡清理整齊——在那裡創造出一個和諧的宇宙；它現在還是一團混亂。

有一則古老的印度寓言，非常古老但也非常重要……

一個權勢很大但很愚蠢的國王抱怨凹凸不平的地面弄傷了他的腳，所以他下令整個國度都要用牛皮鋪滿粗糙的地面。當宮廷裡的一位大臣聽到這個消息時——他是一位智者——他笑了。他說：「國王的這個想法根本是荒謬無稽的。」

國王聽到了他說的話，他要求這位大臣來見他。國王非常生氣地對大臣說：「讓我看看你有什麼更好的選擇，否則，我就將你處死。」

這個大臣說：「陛下，只要切一小片牛皮覆蓋你的雙腳就好了。」而這就是鞋子誕生的由來。

不需要用牛皮鋪滿整個地球；只需要覆蓋住你的雙腳，就覆蓋了整個地球。能夠了解這一點就是智慧的開端。

沒錯，這個世界確實是有問題，我同意這一點。而且這個世界的問題還很大，生活就像是地獄一樣。其中有痛苦、有貧窮、有暴力，還有各式各樣的瘋狂事件四處飄盪著，這些都沒錯——但是，我仍然堅持所有的問題都來自於個體的靈魂。問題之所以會存在是因為個人還處在混亂當中。這整體的混亂不過是加總後的現象：我們全都把自己的混亂傾倒於其中。

這個世界純粹是由關係所組成的；我們每個人都彼此互相關聯著。如果我非常神經質，而你也很神經質的話，那麼我們的關係就會變得更為神經緊繃——它不只是加成而已，而是以倍數的方式上升。由於每個人都非常神經質，所以這個世界也變得極度神經質。希特勒並非意外誕生出來的——他是我們創造出來的。越南事件不是意外誕生出來的——那是我們創造出來的。它是我們流出來的膿；它是我們的混亂在作怪。事情的開始總是從你開始的：你才是這個「世界的問題」。所以，不要逃避你內在世界的真實狀況——這是第一件事情。

你問說：「當一個人對靜心以及內心世界感興趣時，是否這也意味著他不再對人類所面臨的問題感興趣呢？」

不，事實上，唯有一個人對靜心以及內心世界感興趣時，他才會對人類的問題真正感興趣。但是他的興趣是一種完全不同的興趣，他會深入問題的根源。而你目前的狀況是，當你有興趣時，你是對症狀感興趣。當一個像是佛陀或基督的人有興趣時，他是對根源感興趣。你或許不會同意這一點，因為你看不到根源，你只能看到症狀。佛陀會感興趣，但是他知道問題的根源在哪裡，所以他會試圖改變根源。

貧窮不是根源；貪婪才是根源。貧窮只是結果。如果你不斷地對抗貧窮，那不會帶來什麼結果。貪婪才是根源；它需要被連根拔起。戰爭不是問題；個體的攻擊性才是問題——戰爭不過是個體攻擊性的累積加總。就算是你們持續不斷的遊行抗議，戰爭也不會停止。你們的遊行抗議、示威等等……不會帶來任何改變。你可以享受其中的樂趣……有一些人享受這種樂趣；你可以在每一場遊行抗議中找到他們。你會發現他們四處抗議；遍及全球，而且他們還會持續暴動，持續抗議任何事情。那非常有趣！你或許也享受過了。

我童年時非常享受這種樂趣，我加入每一場遊行，甚至連我們鎮上的長者都開始擔心。他們說：「到處都有你——不管是共產主義遊行、社會主義黨員遊行、國大黨還是反共產主義的示威遊行都有你。」我說：「我喜歡這種活動的樂趣，我不擔心什麼政治哲學——光是大吼大叫就很有趣，我喜歡這種活動。」

你可以享受其中的樂趣，但是它並不會帶來多少改變——戰爭還是會繼續發生。如果你注意這些抗議者，你會發現其中大部分的人都非常具有侵略性，你在他們的臉上看不到和平，他們已經準備好要戰鬥了。和平的遊行抗議任何時候都可能轉變成暴動。這些人是具有侵略性的人，他們以和平為名展現他們的侵略性。他們已經準備好要戰鬥：如果他們擁有權力，如果他們擁有原子彈，他們會用原子彈創造和平。所有的政客都是這麼說的——他們說他們是為贏得和平而戰。

問題不在於戰爭，所以連羅素也幫不上忙。問題在於個人身上的侵略性。人們的內在不再是安然自在的，因此戰爭才會存在；否則，這些人會發瘋。

每十年，人們就需要一場大型戰爭來釋放人類的精神問題。你或許會很驚訝的知道，在第一次大戰期間，心理學家開始注意到一個非常少見而奇怪的現象，只要戰爭繼續不斷，人們發瘋的比例幾乎是零。沒有人自殺，社會上的謀殺案件也極為零星，而且人們發瘋的情況消失了。這實在很奇怪——這跟戰爭有什麼關聯呢？犯罪之所以變少或許是因為罪犯們都上戰場去了，但是自殺的人怎麼了？或許他們也從軍去了，但是那些發瘋的人又是怎麼了呢？人們甚至停止發瘋了？然後，第二次大戰期間又發生了相同的現象，甚至比例差距更大，於是人們確認了這兩者之間的聯繫，它們確實是有關聯的。

人類持續不斷地累積某種神經質與瘋狂的品質，而且每經過十年，人們就必須把它宣洩出來。所以當戰爭發生時——戰爭就是人類的集體發瘋——人們就不需要各自發瘋了。那有什麼意義呢？每個人都瘋了，所以個人的發瘋就沒有什麼意義了。當一個國家屠殺另一個國家時，其中有這麼多的自殺或屠殺事件，你還需要自己做這些事情嗎？你只要看電視就可以享受其中的樂趣；你看報紙上的新聞就足以讓你興奮顫慄不已。

問題不在於戰爭；問題在於個人的精神問題。

那些成道的人能夠洞悉事物深處的根源。佛陀、基督、克里希那，他們都看到了根源，他們也一直試圖告訴你：要改變根源——需要一場徹底的蛻變；一般的改革是不會有作用的。但是即使如此，你們還是無法了解。因為我就在這裡，持續不斷地談論靜心，但是你看不到其中的關聯。你們看不出來靜心怎麼會跟戰爭有關。我看得到其中的關係，但是你看不到。

我的了解是：即使只有百分之一的人類開始擁有靜心的品質，戰爭就會消失。而且除此之外，沒有其他方法能夠結束戰爭。人類需要有那麼多的靜心能量。如果有百分之一的人類——也就是一百個人之中有一個——開始擁有靜心的品質，事情會變得全然不同。貪婪會變少，然後自然地，貧窮也會變少。貧窮並不是因為東西稀少而產生；貧窮會產生是因為人們的囤積、人們的貪婪。如果我們活在當下，物資是充足的；地球提供我們足夠的物資。但是我們總是事先計畫、我們囤積，然後問題就出現了。

只要想想如果鳥兒會囤積的話……那麼有一些鳥會變得富有，有一些鳥會變得貧窮；然後美國鳥會變成最富有的鳥，而全世界除了美國以外的鳥都會變得痛苦。不過鳥兒不會囤積，所以牠們沒有貧窮這回事。你見過貧窮的鳥嗎？森林裡的動物——沒有誰是富有的，也沒有誰是貧窮的。事實上，你甚至不會看到胖的鳥兒或瘦的鳥兒。幾乎所有的牛都是一樣的體型；你甚至認不出來誰是誰。為什麼呢？牠們享受；牠們不囤積。即使是肥胖也意味著你在身體內在囤積一些東西——那象徵了一個吝嗇的頭腦。守財奴會便祕；他們甚至無法丟掉廢物。他們囤積，他們連排便也要控制，他們不斷地囤積，甚至連垃圾也囤積。囤積成了一種習性。

活在這個片刻，活在這個當下，活在愛裡面，活在友誼之中，去關懷……那麼這個世界將會變得全然不同。需要改變的是個體，因為這個世界不過是個體靈魂所投射出來的現象。

所以，靜心者會對人類的問題感興趣——也只有靜心者才會感興趣——但是靜心者感興趣的是不一樣的層面。你甚至可能還無法了解這一點。有些人來找我，他們說：「你在做什麼？到處都有貧窮、醜陋的事情，而你卻一直教導人們靜心。停止這些事情，為那些窮人做些事情。」但是對於貧窮，你無法直接對它做任何事情。唯有當靜心的能量開始釋放出來，人們開始享受當下；貧窮才會消失。共產主義摧毀不了貧窮；它不曾在任何一個地方消滅過貧窮。它反而製造出一種新的貧窮形式，一種更嚴重、更危險的貧窮；共產主義人士的貧窮是因為他還失去了自己的靈魂。他再也不是一個個體，他甚至沒有了靜心的自由。

這是不會有幫助的；這是具有破壞性的。這些人是所謂的善心人士——避開他們。

你說：「難道其中沒有一展長才與天賦的空間嗎？」事實上，沒有什麼才能是你需要去發展的；它們會自然而然地發展出來。當一個人靜心時，他會開始綻放。如果他是一個畫家，他會變成一個偉大的畫家。如果他是一個詩人，那麼突然間會有許多的詩詞從他的靈魂中湧現。如果他是一個歌者，那麼這是第一次，他會唱出那首最接近他心中渴望的歌曲。

不，你不需要作任何努力。當你是寧靜地根植於你的存在裡，待在自己的中心裡時，你的天賦會很自然開始發揮作用。你會開始以存在一直要你作用的方式去發揮才能。你會開始以你與生俱來的方式去發揮作用；你開始發揮你的才能，就像是你的命運要你進行的方式一樣。你變得充滿自發性，你開始做你自己的事情——而你不會理會這些事情是否會帶來酬勞、是否會讓你獲得人們的敬重。它使你快樂，而那就夠了。它讓你變得無比地喜悅，那就已經非常足夠了。

靜心釋放出你的能量——然後，你再也沒有其他的需求了。而當一個人的靜心開始綻放時……還有什麼會比這更豐富呢？這個人會開始像是神、像是盛開的存在一樣。他已經來到最終的綻放——現在，他不再有所求。他的每一個片刻都是充滿創造力的，他的每一個姿勢都是富有創造性的，他的生命本身就是一場祝福。

但是有人喜歡繞圈子：他們想要先改變世界，然後再繞回來自己身上。但是讓我告訴你，如果你選擇繞的那麼遠，你是絕對無法回到自己身上來的。

我曾經聽說過……

一個老人坐在離德里不遠的的一條路邊，有一個年輕人開車經過，他暫停下來，問這個老人：「德里還有多遠？」這個老人說：「如果你繼續你目前所走的路，繼續你目前所走的方向，它就很遠。你得繞遍整個地球才到得了——因為德里在你的後面，兩公里之處。」

如果你轉個身，它就不會很遠——不過兩公里而已。如果你要去改變世界，然後你認為這會改變你自己，那麼你永遠都沒有辦法成功的；你永遠都無法回到家。從你所在的地方開始。你是這個醜陋世界的一份子，透過改變你自己，你在改變這個世界。你是什麼呢？你是這個醜陋世界的一份子。為什麼要試圖改變你的鄰居呢？他可能不喜歡改變，他可能不想要改變，他可能根本不感興趣。如果你已經覺知到這個世界需要一個大改變，那麼你就是距離自己最近的世界。從那裡開始。

但是有一些人非常地哲學化，他們沉思憂慮，而且他們繞著圈子走。

我在閱讀羅斯坦(Leo Rosten)一本很美的書：《猶太的喜悅》(*The Joys of Yiddish*)。

他提到一位偉大的哲學家索考洛夫(Sokoloff)，他經常在第二大道的某一家餐廳吃晚餐，而他的每一餐都是從一碗雞湯開始。

有一天晚上，索考洛夫先生叫來他的服務生：「來這裡，嚐嚐這碗湯。」

服務生猶豫地說：「二十年之後，你開始懷疑我們的極品雞湯不完美嗎？」

索考洛夫先生又重複說了一次：「過來嚐嚐看。」

服務生讓步說：「好吧，好吧。我嚐嚐看，但是湯匙在哪裡？」

索考洛夫先生大叫一聲：「阿哈！」

他要說的其實只是：「我沒有湯匙。」但是他繞一大圈：「嚐嚐這盤湯……」不要繞圈子；不要太過哲學化。如果你沒有湯匙，你就直接說你需要一根湯匙。一根湯匙就夠了。一個人需要的就是一根湯匙的靜心。

問題

最近我了解到：整整二十一年，我在學校裡的每一個活動——從在花園裡玩耍到正式的體育運動，到拉丁文法——基本上都在練習如何打敗另外一個人。這似乎是我生命中最具有傷害性的經驗，我想不出還有什麼比這個體系更能夠摧毀孩子，更能夠讓人變得與周遭世界格格不入。我們該如何幫助孩子去發展他們的全部潛能，卻不助長這種競爭心態呢？

當你開始思考該如何幫助孩子如何成長卻不助長任何競爭心態時，你就已經走上了錯誤的方向，因為不論你做些什麼，那都會是你加諸在孩子身上的某個特定程式。它可能跟你過去所接受到的教育有所不同，但是你還是在制約這些孩子——帶著這個世界上最好的意圖。

沒有人教導樹木如何長大，而它們依然持續成長著。動物、鳥兒還有這整個存在都不需要任何的教導。基本上，給予教導的這種概念創造出奴役——而人類幾千年來已經藉由各種不同名義製造出奴隸。當人們對某種名目感到厭倦時，另一種名目會立刻取代它。修改過的教導課程，這裡修改一點，那裡修改一點的制約，但是基本上它們還是一樣的東西，它們是父母親、長輩要孩子所成為的某種既定形式。那就是為什麼你會問：「該要怎麼辦？」

就我而言，父母的功能不在如何幫助孩子成長——沒有你他也會成長。你的功能是支持、滋養、協助那些已經在成長的部分。不要給予孩子任何方向，不要給予孩子任何概念。不要告訴孩子什麼是對，什麼是錯：讓他們透過自己的經驗去發覺。

只有一件事是你可以做的，那就是分享你的生命經驗。告訴他們你曾經受到自己父母親的制約，由於某些特定的概念與理想，你的生活受到局限，而也因為這些限制與概念，你錯過了自己的生命。而你不想摧毀自己孩子的生命，你希望他們能夠全然的自由——免於你的影響，因為對他們而言，你代表了整個過去。

這需要勇氣，也需要極大的愛，才能夠讓一個父親、一個母親去告訴自己的孩子：「你需要免於我們的影響。不要順從我們，你需要仰賴的是自己的聰慧。即使你走錯了路，那也遠比成為一個奴隸、永遠只做對的事情要好的多。最好的學習方式就是從自己所犯的錯誤裡學習，而不是跟隨其他人的腳步，永不犯錯。因為這麼一來，除了跟隨之外，你學不到任何東西。而跟隨他人是一種毒藥，純粹的毒藥。」

如果你愛孩子的話，那會是很容易的。不要問該怎麼做，因為「該怎麼做」意味著你在尋找一種方法、一種方式、一種技巧。但是愛不是一種技巧。

愛你的孩子；享受他們的自由。讓他們犯錯；協助他們看到自己在哪裡犯了錯。告訴他們：「犯錯不是問題。盡你可能地犯錯，因為透過這個方式，你會學習到更多的事物。但是不要一再犯下同樣的錯誤，因為那會讓你變得愚蠢。」

所以，你從我這裡得到的不會是簡單的答案。你需要一個片刻接著一個片刻地跟孩子生活在一起，藉由這種方式來了解我的意思，然後在各種細微的事件裡，給予孩子一切可能的自由。

比如說，在我小的時候……好幾個世紀以來一直都是如此，孩子們總是被教導著：「早睡早起，這讓你有智慧。」

我跟我的父親說：「這實在很奇怪，當我還不想睡覺的時候，你強迫我要早一點睡覺。」在耆那教的家庭裡，「傍晚」真的還很早，因為通常晚餐是五點用餐，最晚六點。在那之後沒有什麼事情可做，所以孩子就該去睡覺了。

我對他說：「當我的能量還沒有準備要睡覺的時候，你強迫我去睡覺。而早上，當我還想要睡覺的時候，你卻把我拖下床。這實在是一種讓我增長智慧的怪方法！而且我看不出這其中有什麼關聯性。當我不想睡覺卻被逼著去睡覺時，這怎麼會讓我增長智慧呢？好幾個小時的時間，我只能躺在床上，四周一片漆黑……這些時間原本可以用來做些什麼，或是用來創造些什麼的，而你卻強迫我睡覺。但是睡眠這種事情不是你能夠控制的。你無法光是閉上眼睛就能入睡。睡意來了就是來了；它不聽從你的命令或我的命令，所以我浪費了好幾個小時的時間。」

「然後早上當我還很想睡覺的時候，你強迫我起床——清晨五點鐘——而且把我拖去森林裡散步。我還很想睡覺，而你卻拉著我走，我看不出來這要如何讓我變得有智慧。請你解釋給我聽！」

「而且有多少人是因此而變得有智慧的？你舉幾個有智慧的人讓我看看——我周圍找不到哪個有智慧的人。而且我跟爺爺談過，他說那全都是胡說八道。全家人裡只有這個老人是唯一坦率的人，他不在乎別人怎麼說，他告訴我那全都是胡說八道：『智慧不是因為早睡而出現，我這一輩子都很早入睡——七十年了——而智慧還沒有出現。而且我不認為它會出現！現在該是死亡要出現的時候了，不是智慧。所以不要被這些俗語給愚弄了。』」

我對我父親說：「你想一想，而且請你要真實與誠懇。至少給我這一點自由——讓我可以想睡的時候再睡，想起床的時候再起床。」

他想了一天，然後隔天他說：「好，或許你是對的。你按照你的意思去做。你聽從你自己的身體，不用聽我的話。」

這一點應該要被當成基本的原則：協助孩子去聽從他自己的身體，聽從他自己的需要。而父母親基本上要做的只是協助孩子不要脫軌。他們規範的功能是消極的。

記得「消極」這個字眼……不要積極的規劃而是消極的守護——因為孩子就是孩子，他們或許會碰到一些讓他們受傷的事情。在這種時候，同樣的，不要制止他們去進行，而是向他們作清楚的說明。不要要求他們聽話順從；而是讓他們選擇。你只需要向他們解釋這整個狀況就夠了。

孩子是非常具有接受性的，如果你尊重他們，他們會準備好去傾聽、去理解你的話語；然後你讓他們自己的了解來決定。而且只有剛開始的幾年你會碰到這種問題；很快地，他們會開始安處於自己的聰慧裡，而不再需要你的守護。很快地，他們會有自行決定的能力。

我了解身為父母親的恐懼，他們害怕孩子可能會走向他們不喜歡的方向——但是這是你的問題。你的孩子並不是為了符合你的喜好或厭惡而誕生的。他們必須活出自己的生命，而且你應該為他們能夠活出自己的生命而感到高興，不論那是一種什麼樣的生命。他們或許會變成一個窮音樂家……

我認識一個鎮上的有錢人，他要他的兒子進入大學之後成為醫生，但是這個兒子只對音樂有興趣。在音樂方面，他已經不再是業餘的程度；當時他在那個地區已經相當有名，只要有機會，他就會彈奏西塔琴(sitar)，而他因此變得越來越有名。

他想上一所專門的音樂學校，而那可能是全世界唯一一所完全致力於音樂的大學，其中有著所有不同的系所，像是舞蹈和各種不同的樂器，整所大學充滿著音樂氣息。

他的父親堅決反對這個主意，然後這個父親來找我——因為我跟他的兒子是很好的朋友——他說：「他一輩子都會是乞丐。」因為印度的樂師賺不了多少錢。「他頂多只能在學校裡當音樂老師而已，他能賺多少錢呢？頂多和我們家僕人的薪水一樣多。而且他還會跟那些不正經的人交往。」因為在印度，音樂總是跟妓女有很深的關聯。印度的妓女不同於世界上其他的妓女。Prostitute(妓女)這個英文字對應於印度的情況並不是一個公平的字眼，因為印度的妓女在音樂與舞蹈上有很深的造詣——而印度的音樂和舞蹈又種類繁多。如果你真的要學習更深層次的音樂、歌唱和舞蹈，你需要向一些有名的妓女學習。

有一些知名的家族——被稱為Gharanas(家族門派)。Gharana是家庭的意思。它和一般的家庭無關；而是那種師徒制的家族。知名的門派會有他們自己的特殊表演方式。即使是相同的樂器、相同的舞蹈表演，不同的門派會有不同的表演方式，其中有著微妙的差別。所以，如果有人想要深入音樂的領域，他需要隸屬於某一個門派——然而那些人通常不是什麼好夥伴。對有錢人來說，那些人絕對不是什麼好夥伴。

但是這個兒子對這個部分不感興趣。他沒有聽從他父親的話，他進了音樂大學。所以他父親跟他斷絕了關係，因為他太過生氣了。也由於他父親跟他斷絕了關係，他沒有其他出路——這所大學坐落在一處非常偏遠的山區，他在那裡找不到任何工作或其他的事情可做——他只好回來，如他父親所料的成為一個學校老師。

他的父親找我過去，他跟我說：「你看，正如我所說的。我其他的兒子——有的是工程師，有的是教授，可是這個白痴不聽我的話。我已經跟他斷絕了關係；他不會從我這邊繼承到任何一毛錢。現在，他只能做最窮的工作——學校老師。」

但是我的朋友卻是無比地快樂……他一點也不擔心自己被父親所拋棄，他不擔心自己會過著窮苦的生活，也不擔心他無法繼承到任何家產。這些事情都干擾不了他；他很快樂：「他們所做的一切都很好，現在我可以隸屬於某個家族門派。我之前還擔心他們，怕他們覺得丟臉。但是現在他們拋下我，我不再屬於他們，我可以成為某個家族門派中的一份子。」

當他在學校教書的時候，他成為了某一個門派裡的一份子，現在他是印度最出色的音樂家之一。重點不在於他成了最優秀的音樂家；真正重要的是，他成就了他自覺的潛能。不論何時，當你跟隨你的潛能時，你永遠會成為最優秀的。不論何時，當你走錯方向偏離你的潛能時，你只會是平庸的。

這整個社會是由平庸的人所構成的，而理由很簡單：沒有人成為他命中注定的樣子——每個人都在當別人。所以，不論他做些什麼，他都不會是最優秀的，他也不會感受到某種成就感；他沒有辦法感到高興。

所以父母親的工作非常的微妙，而且也很珍貴，因為孩子的一生就取決於此。不要給孩子任何積極的計畫——而是在各個他想要的方向上幫助他。

比如說，我以前經常爬樹。有一些樹爬起來是安全的，它的樹枝強壯，樹幹也很結實。你就算爬上最頂端，也不用擔心樹枝會斷裂。但是有一些樹非常柔軟。因為我經常爬樹摘取芒果和jamuns——另一種美好的水果——我的家人因此非常擔心，他們總是會找人來阻止我。

我告訴我的父親：「與其阻止我，不如跟我說哪些樹是危險的，好讓我可以避開它們，而哪些樹是安全的，是我可以爬的。」

「但是如果你試圖阻止我爬樹，這其中會有危險，我可能會爬錯樹，那麼這就是你的責任了。我不會停止爬樹，我熱愛爬樹。」在陽光底下，在強風裡，待在樹梢上真的是最美好的一種經驗，整棵樹都在舞蹈著，那是一種非常滋養的經驗。

我說：「我不會停止爬樹，所以你的責任就是確實告訴我哪些樹不應該爬——因為我可能會從上面摔下來，骨折或是損傷我的身體。但是不要給我：『不准爬樹。』這種概括性的命令，我不會遵從的。」所以他只好帶著我在鎮上走一圈，指給我看哪些樹是危險的。然後我問了他第二個問題：「你知道這個城市中有誰擅長爬樹，可以教我如何爬那些危險的樹嗎？」

他說：「你太過分了！現在這太離譜了。你之前告訴我原因，而我也了解……」

我說：「我會遵守的，因為這是我自己提議的。但是這些你說危險的樹真的很令人難以抗拒，因為jamun——一種印度水果——就長在這些樹上。而它真的很好吃，當它們成熟的時候，我很難抵抗這個誘惑。你是我父親，這是你的責任……你一定知道誰可以幫助我。」

他說：「如果我之前知道當父親會是如此困難的話，我絕對不會成為一個父親——至少不當你的父親！沒錯，我確實知道有個人可以幫你。」——於是他把我介紹給這位老人，他是少見的攀爬高手，最優秀的一位。

他是一位伐木工，他年紀老到你不會相信他還可以砍柴。他只做那些很罕見的工作，沒有人要做的工作……例如像是那些蔓延整個屋頂的大樹——他會去砍掉樹枝。他真的是一位專家，因為他砍掉那些樹枝時，他不會破壞到樹根或是房子。他會先用繩子把要砍下來的樹枝跟別的樹枝綁在一起，砍掉這些樹枝之後，再用繩子把其他的樹枝從房子上拉開，讓這些砍斷的樹枝掉在地上。

他年紀很大了！但是只要有類似的工作，而其他砍木工人都不願意做的時候，他都會接手。所以我的父親告訴他：「教他一些東西，特別是那些容易折斷的樹木。」樹枝是會斷裂的……我已經因此從樹上掉下來兩三次——我的腿上還留著疤痕。

那位老人家看著我說：「從來沒有人因為這個原因來找我，尤其還是父親帶著兒子來找我！……這是一件危險的事情，但是如果他喜歡爬樹，我很願意教他。」於是他教我如何攀爬那些危險的樹。他讓我知道各種保護自己的策略。如果你想要爬到樹上而不會掉下來，那麼你首先要用繩子把自己綁在這棵樹上你覺得夠強壯的部分，然後再爬上去。這麼一來，就算你掉下來，你會掛在繩子上，但是不會摔在地上。而那真的對我很有幫助；從那之後我再也沒有從樹上摔下來過！

一個父親或一個母親的功能是偉大的，因為他們把一個新的客人帶到這個世界上來，這個客人什麼都不懂，但卻身懷著某些潛能。而除非他的潛能得以成長，否則他無法感到快樂。

沒有任何父母親會希望自己的孩子不快樂；他們想要孩子是快樂的。只不過他們的想法是錯誤的，父母親以為如果孩子成為醫生、教授、工程師或科學家，然後他們就會快樂了。父母親不了解，只有當孩子成為他們應該成為的樣子時，他們才會是快樂的。他們只能成為自己內在所攜帶的這顆種子。

所以，盡你所能地給他們自由、給他們機會。通常，當孩子跟母親提出要求時，母親甚至還沒聽完孩子的要求，她就直接說不了。「不」是一種權威性的字眼；「好(yes)」則不是。所以父親、母親或任何權威人士都不願意對平常的事情說「好」。

孩子要到屋外去玩：「不可以！」孩子想在雨天外出，想要在雨中跳舞：「不可以！你會感冒。」感冒不是癌症，但是一個被禁止在雨中跳舞的孩子，永遠無法再度跳舞了，他錯過了某些重要的東西，某種真正美好的事物。就算是感冒也是值得的，而且孩子不見得一定會感冒。事實上，你越保護他，他會變得越脆弱。你越是允許他，他會變得越具有免疫能力。

父母親應該要學習說：「好」。事實上當父母親說不的時候，其中九十九次的「不」只是為了展現權威而已。不是每個人都能夠成為國家總統，統治上千萬的人民。但是每個人都能成為一個先生，擁有權威來控制妻子；而妻子則可以成為一個母親，擁有權威來控制孩子；而每一個孩子都有一個泰迪熊，所以他可以控制泰迪熊……把它從這個角落踢到另一個角落，狠狠地打它幾巴掌，而其實他真正想打的人是他的父母親。可憐的泰迪熊，在它下面沒有其他任何人了。

這是一個充滿權威的社會。

我要說的是：創造出一群自由的孩子，讓他們聽到的都是「好」，而極少聽到

「不」。然後這個權威性的社會會因此而消失，而我們會擁有一個更有人性的社會。所以，這不只是一個關於孩子的問題。那些孩子將會成為明日的社會：兒童為人類之父。

問題

許多人，從靜心者到經理，都在使用一種所謂正向思考的技巧。他們試圖把對於自己、他人以及存在的破壞性思考和制約轉變成正向思考，然後他們希望透過這種方式讓自己在某些相關領域裡更為成功。這種正向思考的技巧真的有效嗎？它也能夠用來協助覺知嗎？

正向思考的技巧不是一種能夠協助你有所蛻變的技巧。它只是壓抑了你人格裡的負向層面。那是一種選擇的方法。它無法在覺知上有所幫助；它違反覺知。

覺知是永遠不作選擇的。

正向思考簡單地說就是強迫負向思考進入潛意識中，然後以正向思考制約有意識的頭腦。然而麻煩的是潛意識擁有更為巨大的力量，它的力量是意識的九倍之多。因此，一旦某些東西進入了潛意識，它的力量會是之前的九倍。它或許不會以舊有的方式顯現，但是它會找到新的表達途徑。

所以正向思考是一種非常貧瘠的方式，其中沒有深度的理解，同時還不斷灌輸你一些關於自己的錯誤想法。

正向思考誕生於美國的某一個基督教派，它的名稱是基督科學(Christian Science)。為了避免「基督」這個字眼，以便吸引其他的人，他們慢慢地丟掉那些老舊的標籤，開始談論正向思考的哲學。

基督科學，它最初的起源認為：你生命裡所發生的一切事物不過只是你思想的投射。如果你想要變得富有，思考，然後你會變得富有。透過正向的思考，你會變得富有，變得越來越有錢，金錢會開始朝你而來。

這讓我想起一則趣聞。

一位年輕人在路上遇到一位老太太。老太太問說：「你的父親怎麼了？他沒有來參加我們每星期的基督科學家聚會——他是我們最老的成員，幾乎就是協會的創始者。」

年輕人說：「他生病了，而且覺得很虛弱。」

老太太笑著說：「那只不過是他的想法而已。是他認為他生病了——他沒有生病。他只不過認為他很虛弱而已——他並不虛弱。生命是由思想所構成的；不論你想些什麼，你就會成為那個樣子。就是告訴他記得他曾經對我們宣揚的意識形態，讓他去思考關於健康的事情；讓他想著自己精力充沛的樣子。」

年輕人說：「我會傳達這個訊息。」

大約八或十天之後，這個年輕人又遇到了老太太，她問說：「如何？你有跟你父親說嗎？我在星期聚會上仍然沒看到他。」

年輕人說：「我說了，夫人，但是現在他認為他死了。」

基督科學的這種取向對某些事情或許有些幫助；特別是那些真的由思想所創造出來的事情，它們是可以改變的。但是你的整個人生並不是由思想所創造出來的。

現在那些倡導正向思考的人，他們的談論變得比較哲學化，但是他們的本質還是一樣的——如果你往負向的方面思考，負向的事情就會發生在你身上；如果你往正向的方面思考，正向的事情就會發生在你身上。特別是在美國，這一類的書籍正廣泛流傳著。世界上沒有任何一個地方受到這種正面思考的影響，因為那是幼稚的。「思考，然後你會變得富有」——每個人都知道這愚蠢極了。

這其實是有害，而且危險的。你頭腦裡的負向思考必須被釋放，而不是藉著正向思考來壓制它們。你必須創造出一個既不正向也不負向的意識。那才會是純粹的意識。而在那樣純淨的意識裡，你會過著最自然而喜樂的生活。

如果你因為不舒服而壓抑了某些負面的想法——像是當你生氣時，你把它壓抑下來，然後試圖讓這股能量變得正向，讓自己對那個原本讓你生氣的人感到愛和慈悲——你知道你在欺騙自己。內在深處你仍然是憤怒的；只是你掩蓋了它。表面上你可能在微笑，但是你的微笑只在嘴角上。那只不過是一種嘴唇運動而已；那個微笑跟你、你的心還有你的整個存在沒有任何連結。在你的心和你的微笑之間，你已經製造了一塊巨大的障礙，那就是你壓抑下來的負向情緒。

況且，生活中不是只有一種感受；你有上千種負向的感受。你不喜歡某一個人，你不喜歡很多事情；你不喜歡你自己，你不喜歡目前所處的情境。所有這些垃圾不斷地累積在潛意識裡，然後在外表上，你變成一個虛偽的人，你會說：「我愛每一個人。愛是達到喜樂的關鍵。」但是你的生命裡看不出有任何喜悅，你的內在有的只是地獄。

你可以欺騙別人，如果你欺騙得夠久，你或許也能夠騙過自己。但是那不會帶來什麼改變。那只是浪費生命，而生命無比地珍貴，因為你無法重新來過。

正向思考其實就是偽善的哲學——如果你要給它一個正確的名稱。當你想要哭的時候，它教你要唱歌。如果你嘗試的話，你是可以辦得到的，但是這些被壓抑下來的眼淚遲早會在某個時刻、某種情境下出現。壓抑是有極限的。而且你所唱的歌是完全沒有意義的；你無法感受這首歌，它並不是出於你的心。只因為這個哲學要你永遠選擇正向的一面。

我完全反對正向思考。你會很驚訝地發現，如果你不抉擇，如果你毫不選擇地就只是保持覺知，你的生命會開始展現出某些超越了正向與負向的東西，某種高於這兩者的事物。所以你不會是一個失敗者，而事情不是負向，也不是正向的，而是實存的(existential)。

所以，如果眼淚出現的話，那是美好的；它們會有它們自己的歌。你不需要把任何歌曲強加在上面；它們會是出於喜悅和滿足——而不是出於悲傷與失敗。如果這首歌是突然迸現的，它並不反對眼淚或絕望；而只是表達你的喜悅……它不反對任何事情，它也不支持任何事情。它只是你本性直接的綻放；所以我把它稱為實存的。

正向思考把人們帶到一個非常錯誤的道路上；它讓人們變得虛偽。它是美國最具影響力的哲學，但是事實上，它甚至不是什麼哲學——而是垃圾。它不了解人類的心理；它並非源自於心理學的研究與發現，它也不是源自於靜心的深層探索。它只是給予人們希望，特別是那些完全失去希望的人。它讓人們變得具有野心。

這個可憐的人認為如果他繼續思考，然後突然間出乎意料的，一輛凱迪拉克會出現在他的車庫裡——雖然他現在還沒有車庫，所以他必須先思考一下關於車庫的事情！正向思考會創造一個車庫；然後正向思考會帶來一輛凱迪拉克。

就算它真的發生了，也請不要坐在這種車子裡，因為它實在很危險。沒有車子，也沒有車庫——那個人只是在幻想，他一點也不清醒。所有東西都必須經由賺取而獲得。

有一本很有名的書叫做《思考致富》(*Think and Grow Rich*)，它是由拿破崙・希爾(Napoleon Hill)所寫的。他整本書的重點在於：如果你真的努力想像，你就會變得富有。這本書有上百萬本的銷售量，因為他是很擅長寫作，他是美國最好的作者之一。他把書寫得很好，很令人信服。當他的書剛剛出版時，他出現在書店裡，所以出版社可以向顧客介紹他，而他可以在書上簽名。當時剛好亨利・福特進來了——他進來找書，他喜歡看書——所以他問：「這裡怎麼了？那個人在做什麼？」書店老闆對他說這個人是拿破崙・希爾，他是一個不得了的作家，他的新書才剛剛出版：「他一定很高興能夠認識你。」所以亨利・福特走向他，老闆介紹了拿破崙・希爾說：「他寫了這本書《思考致富》。」

亨利・福特看了封面上的書名，然後他問拿破崙・希爾：「你是自己開車來的，還是搭公車來的？」

這似乎是一個毫不相干的問題，但是既然亨利・福特這麼問，拿破崙・希爾只好回應，他說：「我搭公車來的。」

亨利・福特把書還給他說：「當你想夠了一輛完美的車，而且它也出現在你車庫裡時，你再帶著這本書來找我。我是亨利・福特，首先，我不需要這本書。而且我知道你無法靠思考致富，你可以用這本書欺騙窮人。因為每個人都想致富，所以這本書會大賣，你或許會因為這本書而變得有錢，然後你或許能夠買一輛車。但是記住，我不會因此而買這本書，只有當你透過想像而讓這輛車出現時，我才會買這本書。」

車子從來沒有出現，而且拿破崙・希爾也從來沒去找亨利・福特。而且這位老人真的很奇怪；他每隔一段時間就會打電話給希爾說：「那輛車子怎麼了？如果它還沒出現的話，你應該把這本書從書店裡撤掉。這純粹是一種詐騙！」整本書都是關於正向思考——只思考正向的思維。

所有的思想都不會有用的——不論那是正向還是負向，它們是同一個銅板的兩面。你要做的不是從負向轉為正向，你要做的是超越這兩者。你需要放掉這兩者；你需要成為無思想的意識。然後出於這份意識，不論你做什麼，它都會是對的；不論你做什麼，它都會有著無比的美。不論你做什麼，它都會是令人滿足的。

問題　我是正向思考哲學的堅定信仰者，當我聽到你反對它的時候，那真的是一個巨大的驚嚇。

我很高興至少有人在傾聽我說話，至少有人是清醒的，有人沒有睡著。這就是所謂的正向哲學——你受到驚嚇，而我很高興！

但是我不是任何事物的信仰者。信仰這種東西違反了我看待事情的態度。信仰是一個盲人在黑暗中摸索。我不相信任何事情，也不會不相信任何事情，因為這兩者都是一種信念系統。我如果不是知道，那我就是不知道。而關於這一點，我是絕對清楚的。

你說你是一個「堅定的信仰者」，這是什麼意思？一個堅定的信仰者——你為什麼會用「堅定」這個字眼呢？那背後必然藏著某些不堅定的部分。難道成為一個信仰者還不夠嗎？你自己知道那是不夠的；因此，你需要加入某些東西讓它更堅固、更堅強。但是不論你怎麼做，信仰就是信仰，它永遠沒有辦法成為一種了解。你的「堅定信仰」只證明了你的懷疑非常地堅定。一個堅定的懷疑者需要一個堅定的信仰，而一個普通的懷疑者就只是相信。

信仰的作用在於掩蓋某些東西，如果懷疑過大的話，你就必須把信仰加大成為堅定的信仰。你需要強烈地壓抑你的懷疑，因為你知道如果你不強烈壓抑的話，那些懷疑會掀開信仰的蓋子，然後你會赤裸裸地呈現在自己的眼前——因此你才會覺得驚嚇。這個驚嚇是有原因的。

你為什麼會受到驚嚇呢？如果你認為我說的話是正確的，那麼這其中沒有驚嚇不驚嚇的問題，或者你認為我說的話不正確，那麼也不會有驚嚇的問題。這個驚嚇是從哪裡來的呢？

驚嚇需要兩件事情：你內在的某一部分——最深層、最受到壓抑的那一部分——看到我話語裡的真實，而你內在受到壓抑的那一部分並不想看到真實。這個衝突創造出了你的驚嚇。

你或許是一位堅定的正向思考哲學信仰者，但是我不認為你了解正向思考哲學是什麼意思。

首先，正向思考哲學意味的是不真實；它意味的是不誠實。它意味的是否定自己所看到的事情；它意味的是自欺欺人。正向思考這個鬼扯哲學是美國人對於人類思想的唯一貢獻——除此之外，再無其他貢獻了。卡內基(Dale Carnegie)、拿破崙・希爾以及基督教傳教士曼諾・皮爾(Norman Vincent Peale)，這些人把美國人的頭腦全都填滿了正向哲學這種全然荒謬的概念。而它特別吸引那些平庸的頭腦。

卡內基《人性的弱點》一書的銷售量僅次於《聖經》。沒有別的書籍有如此的銷售量。事實上《聖經》不能算是一本競爭書籍，因為它或多或少是免費贈與，強迫接受的。但是卡內基的書大家必須自行購買；它不是免費贈送的。而且它創造了某種特定的意識形態，許多類似的書籍因此而誕生。但是對我而言，那實在令人感到厭惡。

想要影響別人的這種想法本身就是推銷員才會有的想法，卡內基就是這樣的一個人，他從推銷員轉行當哲學家。這種事情已經發生過很多次。例如像是華納・哈德(Werner Erhard)，他是哈德培訓療法(EST)的創始者。他本來是百科全書和辭典的推銷員，但是在他試圖推銷百科全書與辭典的過程中，他學習到許多推銷技巧，於是他想：我為什麼要浪費時間在百科全書上呢？我為什麼不直接銷售概念呢？——這是一種更為無形的商品。

人們看不到這個思想理念，但是大家仍然繼續購買它。而一旦你付二百五十元美金買某一個你看不到的理念，你必須假裝你已經懂了，否則大家會認為你是個傻瓜，花了二百五十元美金，卻還「不懂」它？……

這非常簡單。

在東方，有這樣一則古老的故事。有一位國王抓到他的首相跟他的妻子廝混。很自然地，他非常生氣。在那個時代，一般的懲罰是切掉首相的鼻子。而通常只有當人們被抓到跟別人的妻子廝混時，他才會被切掉鼻子，所以這成了一種廣告，一種記號。不論你到哪裡，你失去的鼻子永遠提前告訴大家你過去做了些什麼。

但是這個人是一個政客；他是一個首相。他乾脆從這個國家逃到另外一個國家，在那裡，少了鼻子是沒有什麼特殊意義的。他以聖人的姿態進入了鄰國。當然，沒有人會懷疑一個聖人。他確實是沒有了鼻子，但是懷疑聖人是有罪的。不過還是有一些好奇的人問他：「你的鼻子怎麼了？」

這位新科聖人笑著說：「這是祕密，這是到達終極真理的一種特殊技巧。不過我可以告訴你，鼻子代表著自我。」他沿著這個思想路線，創造出了一套哲學來——人們的自我寫在他們的鼻子上。群眾認為他說的話必然具有重大的意義。鼻子代表的是自我，而自我是上帝與人之間的唯一障礙。所以必然有這樣的一個技巧：當你拿掉鼻子時，你的自我也會被去除，然後你遇見最終的真理，你領悟了。

有一個白癡馬上就有意願，所以這個從政客轉行的聖人叫他晚上單獨過去，因為那是絕對私人的事情。在他切掉這個人的鼻子之前，他說：「當我切掉你的鼻子時，讓你的眼睛保持閉著。當鼻子被切除之後，我會說『打開眼睛』，然後你會看到上帝站在你面前。」

所以這個人的鼻子被切除了，然後這個聖人說：「好，你可以張開眼睛了，上帝就站在你面前。」這個人張開了眼睛，但是他沒有看到任何人。他說：「但是，我沒有看到任何人。」

聖人說：「現在，這就是你的問題了，如果你看不到上帝，大家會認為你是白痴。你以為我看得到嗎？我也看不到，但是當試一下正向思考。如果你被證實是個白痴的話，那有什麼好處呢？所以你要說你看到了。」

華納・哈德或許認為是他創造了EST哲學，但是事情並非如此。它是由幾千年前切掉別人鼻子的這個政客所創造出來的。那個人是EST的第一位畢業生。

這個白痴想了一想，然後他說：「這聽起來似乎是對的；好，我看到了。」

聖人說：「你現在也成了一個聖人。從明天開始，你口述傳播這個哲理。」就像華納・哈德做的一樣，他不需要在報紙或雜誌上登廣告，他只運用口耳相傳的方式。這種方式更令人印象深刻、更鮮活，因為有人親眼見證。報紙上的廣告可能是假的，但是這個人，他沒有鼻子，他微笑著，放射出領悟無上真理的光芒……

隔天，人們看到兩位聖人。然後透過相同的策略，聖人的人數開始上升。首先，你的鼻子會被切除，接下來你可以選擇：證明自己是個白痴，還是成為一個聖人。現在，誰會選擇當白痴呢？甚至連白痴都不會那麼白痴，如果他能夠這麼輕易就成為聖人的話。而且他沒有其他的選擇了；他只能當一個聖人。而這似乎是一件正確的事情——人們會尊敬你，聚集在聖人周圍的人們變得越來越多，而且聖人的人數也越來越多……

甚至連該國的國王也開始感興趣。他詢問自己的首相關於這整件事情，首相說：

「你先等一等，因為我認識這個人。他曾經是鄰國的首相，但是我不認為他已經達到最終的真理；他只不過是缺了鼻子而已。」一個政客可以輕易地讀出其他政客的語言，他說：「你等一等，讓我去問一下鄰國的國王。在你失去鼻子見證上帝之前，讓我先調查清楚這整件事情。給我一點時間。」

他去問了鄰國的國王，國王說：「那個人真的是一個卑鄙的人。這是我的錯，因為我切掉了他的鼻子。我當時應該砍掉他的頭，我沒想到他居然會做出這種事，切除上千人的鼻子。」每天晚上都會有上百人蛻變成為覺醒的靈魂、成道者、上帝的見證。

首相收集了這整件事件的細節回去找自己的國王，他說：「這是我收集到的消息。現在我要邀請這位偉大的聖人到皇宮來，好好教訓他一頓。」

這個聖人被邀請到皇宮來，當然，他很高興；其他的聖人也非常高興，因為連國王也開始對正向哲學感興趣了。那個聖人就是這麼說的：「這個就是正向思考。現在，擔憂你失去的鼻子是負向的思考。反正你的鼻子已經消失了——為了潑出去的水而哭泣有什麼意義呢？為什麼不把它變成某個正向的事情呢？而我給你的是最終的真理，你只需要付出一個鼻子的代價。」

所以他們全部一起去了，他們等在皇宮的外面。偉大的聖人進去了——現在他已經變成偉大的聖人。首相關上了門，他準備了兩個摔角手，都是很壯碩的人，然後他們開始痛打這個人。這個偉大的聖人說：「你們在做什麼？」

首相說：「現在，說出事實——否則他們會繼續打下去。我們不會殺你，但是也不會讓你活著。我們會讓你半死不活，你最好是趕快說出事實。」

看到這種情況，他說：「好吧，事實是我的國王切掉了我的鼻子，因為我跟他的太太廝混。在這種情況下，你會怎樣辦呢？我還能怎麼做呢？我失去了鼻子，不論我走到那裡，我都會受到譴責、遭人迴避。所以我發現了這個正向哲學。在這種情況下，如果是你，難道你不會這麼做嗎？」

首相說：「我當然也會這麼做——但是現在該是你離開這個國度的時候了，因為連我的國王都開始感興趣了，我可不想要他的鼻子被你切掉而成為聖賢。你離開這個國家到另一個國家去。世界這麼大，到處都有傻瓜，你在任何地方都可以找到他們。」

華納・哈德或是類似他這樣的人，當他們發現自己有能力推銷百科全書，推銷那種沒有多少價值、沒有人要看的百科全書……人們根本就只是把百科全書放在書房或客廳作為一種展示，它們看起來很漂亮。百科全書不是用來閱讀的；它們是作為觀賞用的。如果你有能力販賣百科全書的話，為什麼不販賣理念呢？一旦你知道了推銷這種簡單的技巧，你可以推銷任何東西。

正面思考只是一種欺騙人們的方式。

如果影響別人和贏得朋友變成了你的意識形態，你就必須按照人們期待的方式去行動、去表現自己。那是你能夠影響人們的簡單方式；再也沒有其他的方式了。

這整個哲學可以濃縮成一句簡單的話：如果你想要影響人們，你只要按照他們認為正確的行為方式去表現自己就可以了。你證實了他們的理想，那是他們想要卻做不到的理想。當然，你不可能成為別人的理想，但是你可以假裝。你會變成一個虛偽的人。

如果你想要影響很多人，那麼你當然就要有許多人格、許多面具，因為每個人會被不同的面具所影響。

如果你想要影響印度教徒，你所需要的人格跟你用來影響基督教徒的人格是不同的。對基督教徒來說，就拯救人類而言，耶穌被釘死在十字架上的這個象徵，是人類所能夠做到的最大犧牲。而對印度教徒來說，被釘死在十字架上只表示這個人在前世必然曾經犯下極大的罪行。他們的哲學是因果和業力的哲學。你不可能沒有任何自己的業力而被釘在十字架上，你必然做過邪惡的事情，而這就是那些邪惡行為的結果。對印度教徒、耆那教徒或佛教徒而言，耶穌被釘在十字架上並無法證明他是救世主。

但是對基督教徒而言，馬哈維亞、佛陀、克里希那和老子——似乎沒有人能夠比得上耶穌。事實上，對一個基督教徒的頭腦來說，這些人全都看起來很自私：當耶穌為了救贖全人類而工作時，他們只下工夫救贖自己。一個只在意自己終極開悟的人，很顯然地是這個世界上最自私的人。還有什麼事情比這更自私的呢？如果他放棄了這個世界，那就是自私，因為他只想讓自己的靈魂跳脫生死的輪迴。他想要與神的宇宙精神相逢，或者他想要進入涅槃，消失在沒有苦難只有永恆極樂的宇宙中。對於這種不在意他人的人，你把他稱為聖人、稱為神的化身？不，對基督教徒而言，這種人沒有任何吸引力。所以如果你想要影響很多人，你就需要擁有許多人格與面具。你需要持續假裝成為別的樣子，隱藏真實的你。

現在，就是這種方式令人變成虛假。卡內基的整個哲學就是支持虛假。

事實上，phony(虛假)這個字也是美國人的貢獻。很奇怪的，它的意思剛好就是personality(人格)的意思。在希臘戲劇裡，演員演出時會戴上面具，並且透過面具說話。Sona的意思指的是「sound」(聲音)，而從面具後面所發出來的聲音叫做persona，它不是來自於真實的人，而是來自於面具。你不知道誰在面具後面；你聽得到的只有聲音，而你看到的是一個面具。面具就是面具，面具不能說話，而能夠說話的那個人你卻看不到，因為他躲在面具後面。英文裡的personality(人格)來自於persona這個字，而phony(虛假)這個字也一樣。

自從人類有了電話之後，你可以從電話中聽到對方的聲音，但是你看不到對方。當然，電話裡的聲音不同於原本的聲音；當聲音經過線路或是無線傳遞之後，它的改變很大。它失真(phony)了;phony源自phone(電話)這個字。真的很奇怪,persona和phony有著完全一樣的意思。你看不到誰在說話;你只聽得到聲音。而且,經過了電話或面具的轉變;它已經不再是原來的聲音了。

卡內基的哲學創造出虛假,但是它真正的目的是要影響人們。為什麼呢?為了要贏得朋友。可是這又是為什麼呢?這有什麼必要性嗎?影響別人只是為了要「贏得朋友」的這種方法,這個「贏得」必須特別加以強調。其中蘊含了整個政治學!當越來越多的人受你影響時,你也就越有力量。你的權力取決於有多少人支持你,有多少人受到你的影響而願意為你做任何事情。

因此,政客的語言總是很模糊的——你可以依照自己喜歡的方式來詮釋它——所以它能夠影響許多人。如果他很清楚,而且說話非常科學化而明確,一點也不模糊;如果他的話語只有一種意思,他大概只能夠成功地惹怒人們。

那就是我這一生一直在做的事——如何失去朋友,如何創造敵人。如果有人想學習這一點,他們可以跟我學習。而其中的原因在於我並不想影響任何人。影響別人的這種想法本身是醜陋，並且違反人性的。影響其實意味的是介入、侵害他人的權利，把人們拉向一個他並不想要的方向，去做那些他從來沒有想過的事情。影響他人是這個世界上最暴力的行徑。

我從來不想要影響任何人。如果有人因為我所說的話或是因為我的存在而領悟到一些真理，這是一回事，但是我不會費力去影響他人。如果人們因為我而有所領悟的話，這個責任是在他自己身上。

耶穌對他的門徒說：「在審判日那一天，我會挑選出我的羊，告訴上帝這些是我的人——他們會得救。至於其他的人，與我無關。」如果有審判日這種事情的話——這當然不會有的，這純粹是為了辯論的緣故——如果有審判日這種事情，如果我去做挑選的工作，我連一隻羊也找不出來，因為我從來沒有影響過任何人。而且，當你影響某些人之後，你當然就會變成帶領的牧羊人，而那些人就只能變成羊。你把人類貶低成羊；你剝奪了他們的人性。你以拯救為名，摧毀了他們。

不要受任何人所影響。

不要讓人們影響你。

看、觀察、覺知——然後選擇。

但是要記住，這是你自己的責任。

你不能夠說：「神啊，我已經跟隨你了——現在，請拯救我。」

絕對不要跟隨任何人，因為這就是你誤入歧途而遠離自己的方式。

卡內基開創這種正向哲學、正向思考的學派：不要看那些負向的部分，不要看那些黑暗的部分。但是不看它們，你認為它們會消失嗎？你不過是在愚弄自己而已。你無法改變事實。夜晚依然存在，你可以想像一天二十四小時都是白天，但是夜晚依然存在。

生活中負向的部分跟正向的部分一樣多。

它們彼此互相平衡。

繼卡內基之後，傳承了這個正向思考的名人就是拿破崙・希爾。《思考致富》是他對世界最大的貢獻，那是一本寫得很漂亮的書，但是全都是廢話。光是用想的就能致富……你什麼事也不必做，只需要想著正向的詞句，然後財富就會開始流向你。而如果財富沒有出現的話，那表示你的正向思考不夠全然。

這些都是美麗的花招，而你無法擊敗這個耍花招的人。他的手中握有祕訣。如果你意外成功了，那麼他也會成功，因為他的哲學——只要想像就能夠致富——成功了。你一直想一直想一直正向地想像錢撒落在你身上——不是什麼雪花，而是錢灑落在你身上——然後突然間你的叔叔過世，他留給你一大筆遺產。很自然地，正向思考奏效了！

但是百分之九十九的可能性是你會失敗。你很清楚你的正向思考不算是絕對的正向，你知道其中有著懷疑。偶爾，你會打開眼睛看看是錢還是雪花撒落下來。你看到的只有雪花，於是你再度閉上眼睛，繼續想像著錢灑落下來。但是懷疑還是存在，這些真的只是雪花而已。你想要愚弄誰呢？這些思緒不斷的發生：「這根本是胡扯，我不應該浪費這些時間，我本來可以用這些時間來賺錢的；這麼做我只會有損失，而不會得到任何東西。」

但是拿破崙．希爾寫得很精采，他還舉出人們如何透過正向思考而成功的例子。你一定找得出這樣的人——這個世界夠大。任何事情你都可以找得到例子。事實上，如果你四周看看嘗試去尋找，你可以找到上百個例子。所有的人都是這麼做：他們找到一些例子，然後用美麗的詩歌散文來描述這個例子。當然因為你想要富有，所以他們利用你的野心、你的慾望。他們給你這麼一個簡單的方法——而且不要求你任何回報。

不，我不相信任何正向思考的哲學；我也不相信相反的負向思考哲學——因為兩者都存在。正向與負向構成一個整體。我的哲學是全面性的——非正亦非負，而是全面、現實的。不論什麼事物，你要看著它完整的全貌。好與壞、白天與黑夜、生與死，它們兩者並存。

我的取向是看見事物本來的面貌。

不需要在其中投射任何的哲學。

第5章 巨大的企圖心

所有那些所謂的思想家、哲學家以及神學家都是幻想家。他們看不到眼前的事物；他們的眼睛盯在一個遙遠的、想像的上帝身上，以及那死亡後的天堂。

我一點也不在乎你的神，我也不在乎你死後發生的事情。我關心的是你的現在、你的意識。因為不論你人在哪裡，它會永遠與你同在，它超越了死亡。你意識所攜帶的光亮能夠區分錯誤與正確。

不論什麼事情，只要它讓你更為警覺、更有意識、更為和平、更為寧靜、更為慶祝、更為歡愉，它就是好的。

不論什麼事情，只要它讓你變得無意識、悲苦、嫉妒、憤怒、更具有破壞性，它就是錯的。

問題

這個世界上所有的痛苦與折磨讓我感到如此的難過——因為世界是如此的美好！只要我尚未覺醒，某種程度來說，我覺得我就是那些無意識殘酷和愚蠢行為裡的一部分，而我真的想要從中跳脫出來。

有時候我覺得，這麼多年來我已經做了許多事情，也努力辛苦地嘗試過，現在該是我休息等待的時候——就是讓事情自行發生。但是我懷疑，我所做的真的已經足夠了嗎？

沒錯，這個世界上的痛苦與折磨是如此的龐大；而同時，世界是如此的美好，如此的神聖。是什麼創造出這個矛盾？這個矛盾不存在於這個世界本身；這個矛盾存在於人們的頭腦裡。是人們把痛苦和折磨帶進這個世界；否則，這個世界絕對是天真的。然而，為什麼頭腦會引進這麼多的痛苦與折磨呢？有些原因是值得你去了解的。

這個頭腦數千年來所受到的訓練就是如何變得更有效率、更有競爭力、更有企圖心。這些事情本身看起來是無害的，但是它們所產生的副作用就是現在你隨處可見的這些痛苦與折磨。所有我們的文化、宗教、政治意識形態，還有更重要的是我們的教育體系，全都奠基在一個基本的法則上：如何比別人更成功。

孩子們完全不了解這種訓練所帶來的結果，但是當你開始為了成功而掙扎奮鬥時，它幾乎就變成了你生命的終極目標，你也就在你周遭開始創造出苦難。你的野心並不是這麼地無害——因為它讓你試圖變得比別人更有錢、比別人更有權力、比別人更有聲望……你所有一切就是奠基於跟別人一較長短。

如果你想要富有，你需要有眾多的貧窮圍繞在你周圍；否則你無法成功的成為有錢人。上百萬個人的貧窮是絕對必要的。如果你想要成功地取得權力，你需要摧毀上百萬個人——摧毀他們的驕傲、他們的尊嚴還有他們最基本的人性。你必須把他們貶低成各種不同的奴隸——經濟上、政治上、心理上或心靈上的奴隸。唯有如此你才能夠掌有權力。

你還需要讓這個世界持續處在戰爭裡——不論是冷戰還是熱戰。希特勒在他的自傳當中有許多見解。其中一個偉大的見解是：歷史偉人都是透過戰爭所創造出來的；而不是和平。這幾乎是每個人都知道的道理；就是想想那些歷史上的偉大英雄。他們都是由戰爭所製造出來的，而不是由和平所製造出來的。在和平時期，你享受生活，你是放鬆的；在戰爭期間，那些狡猾、機伶，而且準備好利用一切手段獲得勝利的人，他們會成為領袖。他們成為領導者的路上有著上百萬人的鮮血。

在樹林裡不會有偉大的樹木；每一棵樹都是美好的。小樹和大樹不會做任何比較，它們不會因為自卑情結或優越情結而感到痛苦。只有人類會因為這些情結而痛苦，因為他的目標是成功。他的所有一切都根據成功與否為標準。如果你成功了，不論你做什麼都是對的，成功讓一切都變成是對的。如果你失敗了，那麼所有你過去所做的一切都是錯的。好像成功和失敗是人類唯一的價值標準。

然而，這就是我們的教育不斷所教導的……我們的教育是極度破壞性的。它打著教育的名號，但是它其實是錯誤教育。它需要一種全然的更改與蛻變。像是企圖心、成功和比較這些東西必須從人類的概念中去除——而這是可能的。與其教導這些醜陋的東西，教育應該教導人們如何更好地生活，教導人們如何更全然、更熱誠地生活；教導人們找到更好的方式去愛、找到更好的方式去美化這個存在，在不跟他人比較的情況下，只純粹為了自己的滿足。

愛、歌唱、跳舞——不是以一個競爭者的身分，而是以一個想要與同伴分享的方式去分享自己的喜悅、自己的歌唱、自己的舞蹈。不論你有些什麼可以分享的——每一個人都有他自己獨特的部分可以貢獻給這個世界……

但是你的教育教導你去模仿；你的宗教教導你去模仿。從來沒有人對你說：「當你自己就夠了——你的天堂就在那裡。」他們不斷地告訴你：「跟隨這個；模仿那個。」他們給你理想和目標：「成為一個佛陀，或成為一個基督。」即使是意外，也從來沒有人對你說：「就是當你自己；放鬆。享受你自己，同時讓你的潛能開展到它的極致。」

你不會成為一個佛陀，你不可能成為一個佛陀。而且這世界也不需要有那麼多佛陀——一個就夠了，非常足夠了。你需要成為的是你自己……但是這麼一來這整個社會會譴責你，你本然的樣子是沒有價值的；你該做的事情就是背叛自己。但是一個背叛自己的人是注定會終生痛苦的。他犯下的是最大的罪行，那或許是有史以來唯一的罪行。

沒有上帝可讓你背叛，沒有宗教教條可讓你背叛——這些都是虛構的。你唯一能夠背叛的就是你自己。透過背叛自己，你失去了對自己的敬重；而一旦你失去了對自己的敬重，你的生命裡會有一個傷口，而這個傷口會隨著時間的流逝變得越來越痛。

所以你是對的，這個世界是美好的。鳥兒的歌聲是如此美妙，這些樹木、這些花朵、這些雨、這些海洋與山脈，它們都有著無比的美，只因為它們是它們自己。只有人類，透過比較、競爭與成功的概念，以及模仿、責備自己和稱讚別人等方式，把這些醜陋的部分帶入這個世界。

我教導你要以你自己為榮。這不是自我，因為你不是透過與他人比較來表達這一點。自我是一種比較，以自己為榮則是一種自我敬重——那是一種尊嚴感，因為存在需要你，而你滿足了存在的希望；你需要成為你自己，不是最低限度的成為自己，而是最高限度的成為自己；你需要讓所有屬於你的花朵都綻放開來。那可能是金盞花、那可能是玫瑰、那可能是蓮花——什麼樣的花並不重要，重要的是這些花朵需要綻放。你的生命需要成為春天，成為一場連續不斷的慶祝。

你問我：「這麼多年來我已經做了許多事情，也努力辛苦地嘗試過，現在該是我休息等待的時候。」任何讓你感到辛苦的事情、任何讓你覺得疲憊的事情、任何讓你覺得是一種負擔，而你想要擺脫的事情，從一開始就是不自然的。

你違反了自然，違反了生命本身的流動——那就是為什麼事情會變得如此辛苦。如果你順著河流流動，不掙扎對抗它的流動，你會能夠享受這條河流的清涼、這條河流的活力、兩岸的樹木、日出、日落、美好的白天以及充滿繁星的美好夜晚。你的生活會是自然、放鬆的，同時處於一種放下的狀態。

這麼多年來你的辛苦努力只顯示出你的無知，除此之外別無其他。你不了解大自然是非常放鬆的；從你變得不自然的那一刻起，緊繃、焦慮、苦惱會從你的內在升起。你可能有非常好的理由感到焦慮和緊張，因為你想要消除這個世界上的痛苦，消除這個世界上的戰爭，消除這個世界上所有的苦難——非常好的意圖。但是記住，地獄之路就是由這些良善意圖所鋪造的。光只是良善的意圖是幫不上忙的。

真正能夠有所幫助的是：深刻領悟存在的放鬆，同時與它同調。這麼一來，你會完成許多事情，卻不會讓自己感到疲憊。

現在，你想要放鬆和等待！你要如何處理這些對抗以及辛苦工作的習性呢？它們不會讓你輕易地放鬆下來；它們已經變成你的第二本性。人們能夠輕易地學習到一些錯誤的事情，但是要擺脫它們則非常的困難。理由很簡單，因為它們已經進入你的血液、骨骼和骨髓裡了，它們幾乎成了你的一部分。

放鬆本來應該是世界上最簡單的事情——但它卻是最困難的事情。不是因為它本身很困難，而是因為人們是如此地習慣於辛苦努力，所以如果你要他們放鬆，什麼事都不做，只要等待……那聽起來很簡單，但是他們無法就只是等待。他們會做一些事情；他們必須做些事情。那已經幾乎像是一種著魔——他們像是被某種既定的生活結構所佔據。

但是現在還不算太遲。如果你想要放鬆、耐心地等待——那就不要再浪費時間。這才是生命之道。過去你走上了岔途，你現在回到容易的方向上來，而且容易就是對的；回到簡單的方向上來；簡單就是對的。

而你問我：「我所做的真的已經足夠了嗎？」

你已經做得太多了！你根本應該什麼事都不做，因為那並不是改變之道。放鬆會為你帶來一種內在的蛻變，而一旦你蛻變過，你會變得像是一把火焰一樣，開始能夠把自己的火花分享給那些尚未點燃的火焰。你不需要作任何努力，它會自然地吸引那些渴望光明的人。它會吸引那些生命中缺少了喜悅的人、那些生命裡缺少了美好的人；它會吸引那些把時間與精力耗費在不必要努力上的人。

那些重要事情的發生並不是因為你做了些什麼，而是當你敞開大門耐心等待時，那些重要的事情自發性地、自行發生了。一旦你了解這種自發性的奧祕——存在一直是滿溢著慈悲，充滿了愛與喜悅，也充滿了你一直在找尋的一切——一旦你不再四處奔跑時，你會發現這整個存在一直在那裡等著你。

而且你真的不只是做得太多了，你似乎還對此有些自豪。但是結果是什麼呢？這個世界有因此而少了一些苦難嗎？這個世界有因此而少了一些折磨嗎？你的努力有讓這個世界成為一個更美好、更愉快的地方嗎？忘了這個世界吧……它為你做了些什麼呢？你的努力，你那些辛苦的努力，它有為你帶來些什麼嗎？你有因此而更成熟、更歸於中心、更喜悅、更自在地生活嗎？你對自己的了解有多少呢？你深入自己存在奧祕的程度有多深呢？你到底得到了些什麼呢？你得到的只有疲倦，以及筋疲力竭……而且，或許由於你的努力工作，它可能對某些人來說是危險的，而你卻完全不知道。

我聽說在主日學校曾經有這樣的事情發生過。一個老師提醒那些小男孩和小女孩：「上個星期我已經跟你們說過了，你們每天都一定要日行一善。」前一個星期天，她一直宣揚著服務人類以及行善的重要性：「因為那是唯一一種方式，讓你能夠在上帝的眼中成為一個靈性、善良、虔誠而有價值的人。」一個小男孩說：「我了解你說的，但是我想要一些具體的例子。我應該做些什麼才叫做『善事』？」

為了舉例，她對學生說：「例如，有一位老太太要過馬路，而那正好是尖峰時刻，她可能是個瞎子——那麼你必須要幫助她，帶她過馬路。這就是行善、做好事。」

隔週的星期天，她問學生：「上星期你們有做任何善行嗎？」有一個男孩揮著他的手，然後另一個也揮著手，然後又另一個。全班只有三個人舉手。這個老師很挫折，因為一整個星期過去了，卻只有三個男孩做了善事。不過她還是想知道他們做了什麼事。

所以她問了第一個小男孩，他說：「我做的剛好就是你跟我們說的：我幫助一個瞎眼的老太太過馬路。那真的很困難、很辛苦。」

老師不了解為什麼事情會這麼困難，她想也許交通太壅塞了。然後他問了第二個小男孩。他說：「我幫助一位瞎眼的老太太過馬路，那真是我一生中做過最困難的事情。」老師很難想像這兩個孩子都碰到盲眼的老太太，但是這或許是巧合。所以她問了第三個男孩。這個男孩說：「我也一樣，我幫助一位瞎眼的老太太過馬路。我要告訴你，我再也不會做這種善事了，那真的太困難了。」

老師說：「我實在是很驚訝！你們怎麼有辦法找到三位盲眼的老太太呢？」

他們說：「誰說是三位？盲眼的老太太只有一位，我們三個一起幫助她過馬路，而且那實在很困難，因為她不想過馬路。她用她的枴杖敲打我們，但是我們還是決心要做善事，所以雖然我們被毆打，我們仍然還是把她帶到馬路的另一邊。而她一直瘋狂大叫著：『我不要過馬路。』所以這真是夠了——我們再也不會做這種事情了。我們的骨頭到現在都還在痛。」

所以，你或許曾經很辛苦的工作，你為了提升人性、為了人類的福祉而辛勞工作。但是這真的有帶來任何幫助嗎？還是變得更不人性呢？你決定要放鬆下來是件好事。放鬆下來，不要協助盲眼的女人過馬路；他們會找到他們自己的方式。

那些堅持要服務你的人完全不會注意你是否真的需要協助。我過去在印度旅行時，遇到很多打擾，我沒有辦法相信人們對於自己的行為居然可以如此地無意識。

有一天晚上，剛好就在半夜，我的火車停在拉基斯坦(Rajasthan)的奇陶加爾(Chittorgarh)的鐵路交叉口。我一個人在我的車廂裡，然後有一個人進來開始按摩我的腳，我說：「我不需要任何按摩。請你仁慈些；不要打擾我的睡眠。」

他說：「當你在烏代浦(Udaipur)帶領靜心營的時候，我就一直試著要接近你，但是你的祕書和其他人不讓我接近你。所以我決定要找到某些方法來服侍你。我到奇陶加爾來就是為了能夠單獨和你相處。你可以繼續睡覺，而我還是會繼續按摩你的腳。」

我說：「當你按摩我的時候，我要怎麼入睡呢？」

他說：「那是你的問題。」

這種情況曾經以各種不同的型式發生過很多次。有一次我從加爾各答(Calcutta)旅行到瓦拉納西(Varanasi)。我當時發燒了，在加爾各答連續帶領七天的靜心營之後，我完全累垮了。當時我只想吃個藥，然後好好睡一覺。這時候有一個人進來了，我問他：「你要做什麼？」

他說：「我不要任何東西。我只想坐在地板上；我一直都想要坐在你的腳邊，現在我終於有機會了。」

我說：「聽清楚了，我現在正在發燒，而且我想睡覺了，你在這裡只會打擾我。」但是他不理會我的話。

在印度，人們有一個概念，那就是有靈性的人不會發燒，他們不需要睡覺，他們不需要休息。他們應該一天二十四小時隨時保持敞開，面對各式各樣的白痴。而且不只是那些未受過教育的人有這種概念。有一個下午，當我在齋浦爾(Jaipur)睡覺的時候，突然間我注意到有人在我房間的屋頂上走動著，然後這個人還拿起磚瓦，往下看著我。我說：「你在那裡做什麼？」

他說：「沒事……我只是從來不曾這麼近距離的看你。你的聚會中總是有上千人在那裡，而我在很遠的地方從來看不清楚你的臉。你可以休息，你可以繼續睡覺——我會在這裡等著。」

這棟房子的守衛已經看到這個人，所以他衝進來，強迫他下來。我問這個守衛：「你見過這個人嗎？」

他說：「我認識他。他是政府官員，曾經接受過高等教育。」

但是在印度，人們認為光是看見聖人，就能夠獲得無上的力量。至於這個聖人會如何並不重要——那是他的問題。但是，如果有人坐在你的頭上看著你，你要怎麼休息和睡覺呢？

你已經做的夠多了，你已經做的太多了。現在對自己，也對他人仁慈些。放鬆！你已經得到一個很好的結論。沒有什麼事情比放鬆更能夠幫助這個世界。

問題　我要如何才能停止希望自己是特殊的？

你是特別的，所以你不需要希望自己是特別的。你是特別的，你是獨特的——存在從來不會創造出任何缺乏獨特性的事物。每一個人都是獨特的，絕對地獨特。在你之前沒有任何像你一樣的人，未來也絕對不會有像你一樣的人。這是意識第一次以你這種形式呈現，而這也會是最後一次，所以你不需要試著變得特別，你已經是特別的了。如果你試著讓自己變得特別的話，你會變成很普通。你的努力源自於一種誤解。而這帶來困惑，因為當你試著變得特別時，你已經理所當然的認定一件事情：那就是你不夠特別。而這讓你變成普通。同時你也錯過了要點。

當你理所當然地認為自己是普通尋常的時候，你要如何變得特別呢？你會嘗試這種方式、那種方式，而你仍然會是普通的，因為你的基礎、你的根本是錯誤的。沒錯，你可以找到裁縫師為你製作精緻的服裝，換一個新髮型，使用化妝品。你可以學習一些東西，讓自己變得更知識廣博，你可以去畫畫，然後開始認為自己是個畫家；你可以做一些事情，讓自己變得出名或是變得聲名狼藉，但是在內在深處，你知道自己是普通的。所有這些作為都是來自外在。你要如何把自己普通的靈魂蛻變成不凡的靈魂呢？那是不可能的——而你也找不到任何可行的方法，因為存在從來不會創造出普通的靈魂，所以它一點也不擔心你所提出的這個問題。存在已經給了你一個特別、不凡的靈魂。這個靈魂從來沒有被賦予過他人，那是專門為你而創造的。

我要告訴你的是，認出你自己的獨特性。你不需要變得特別，因為它已經在那裡了，你只需要認出它。進入內在去感受它。沒有人有跟你一樣的拇指紋印——甚至連拇指紋印都不一樣。沒有人有著跟你一樣的眼睛；沒有人有著跟你一樣的聲音；沒有人有著跟你一樣的味道。你絕對是特殊的，你無法在任何地方找到另外一個你。即使連雙胞胎也不一樣——無論他們長得有多像，他們就是不一樣。他們走向不同的方向，他們以不同的方式成長；他們會成就不同的個體性。

這樣一份認知是必要的。

你問：「我要如何才能停止希望自己是特別的？」只要把這個事實銘記在心。就是進入自己的內在，去看，那麼這個想要特殊的努力會消失不見。當你知道自己是特殊的時候，那份努力就會消失。如果你要我給你一些技巧，好讓你不再是特殊的，那這個技巧會打擾你。因為你又會再一次想要做些什麼；再一次想要成為某個重要人士。一開始你希望自己是特殊的；現在你又試著不要讓自己是特殊的。但是你總是在嘗試……嘗試……試著用某種方式來改進自己，但是你從來不接受自己本然的樣子。

我的整個訊息就是：接受你就是你，因為存在接受你這個樣子。存在尊敬你這個樣子，而你從來不曾尊敬過你自己的存在。你要高興存在選擇了你，存在非常高興地選擇了你的存在，讓你看見這個世界、傾聽這些音樂、觀賞這些星辰、看到這些人，去愛人也為人所愛——你還需要些什麼呢？享受它！在你的享受與歡欣裡，漸漸地，你的獨特性會像閃電般地在你內在迸現。

但是記住，它不會以「你比別人更特殊」的這種自我型式出現。不，在那樣的片刻裡，你知道每一個人都是獨特的。從來沒有普通這回事。

所以這就是標準：如果你認為「我很特別」，比那個男人特別、比那個女人特別——那麼你就還未真正地了解。那是一種自我的把戲。你是特殊的，但是沒有任何比較；你是特殊的，但是不跟任何人較勁——你就是如你所是地獨特。

有一位教授在拜訪一位禪師的時候問：「為什麼我不像你？為什麼我不像你那麼地寧靜，為什麼我不像你那樣地有智慧？這是我的願望。」

禪師說：「等一下，安靜地坐著。觀照。看著我也看著你自己。當所有人都離開之後，如果你還有這個問題的話，我會回答你的。」

一整天，人們來來去去，門徒不斷地提出問題，這個教授變得很不安——時間一點一滴地流逝。但是這個人說只有當大家都離開之後，才能夠再次提出問題。

終於到了傍晚，所有人都離去了。教授說：「現在，夠了就是夠了。我已經等了一整天。我問的問題呢？」

當時月亮正逐漸升起——那是一個滿月的夜晚——禪師說：「你還沒有得到答案嗎？」

教授說：「可是你根本沒有回答過我。」

禪師笑了，他說：「我一整天都在回答人們的問題。如果你有注意觀看的話，你早就已經了解了。不過，到外面來，讓我們到花園裡去，那裡有著滿月，這是一個美麗的夜晚。」當他們來到外面時，禪師對他說：「看看這顆柏樹，」那是一棵又大又高的柏樹，它幾乎要碰到月亮了。月亮正懸掛在它的樹枝上──「然後再看看這棵小灌木。」

但是教授說：「你在說什麼？你忘記了我的問題嗎？」

禪師說：「我正在回答你的問題。這棵灌木跟這棵柏樹在我的花園裡很多年了。我從來沒聽過灌木問柏樹說：『為什麼我不像你呢？』也沒聽過柏樹問灌木說：『為什麼我不像你呢？』柏樹就是柏樹，灌木就是灌木；它們兩者都很滿意於它們自己的樣子。

我就是我；你就是你。是這個比較製造出衝突。是這個比較帶來了企圖心，是這個比較帶來模仿。如果你問：「為什麼我不像你一樣？」那麼你會開始試圖變得像我一樣，而這會是你人生錯誤的起點，你會變成一個模仿者，一個複製品。而當你是一個模仿者的時候，你會失去所有對自己的敬重。

我們很難找到一個尊敬自己的人。為什麼這麼少見呢？為什麼人們缺乏一份對於生命的敬重——對於自己生命的敬重？如果你無法敬重自己的生命，你要如何能夠敬重他人的生命呢？如果你無法敬重自己的本性，你要如何能夠敬重那些玫瑰花、柏樹、月亮或其他人們呢？你要如何敬重你的師父、你的父親、母親、朋友、妻子、丈夫呢？如果你不曾敬重過自己，你要如何敬重你的孩子呢？我們很難找到一個敬重自己的人。

為什麼這些人是如此地罕見？因為你已經被教導著去模仿。從你非常年幼時，你就被教導要變得像是基督或佛陀。可是為什麼呢？為什麼你要變得像佛陀一樣呢？佛陀絕對不會變得像你一樣；佛陀就是佛陀，基督就是基督；克里希那就是克里希那。為什麼你要變得像克里希那一樣呢？你做錯了什麼事情，你犯了什麼罪，讓你必須要變得像克里希那一樣呢？存在永遠不會創造出另外一個克里希那，永遠不會創造出另外一個佛陀或基督——絕對不會！因為存在不喜歡一次又一次地創造出同樣的東西。存在是富有創造力的，它不是生產裝備線——一台福特出產了，另一台福特，又一台福特，福特汽車持續不斷地被製造出來，而且它們全都是一樣的，來自於生產裝備線。存在不是一條生產裝備線。存在是原創的；它從來不創造同樣的東西。

相同的東西不會有什麼價值。想想看，又有另外一位克里希那行走在這個地球上——同類型的人。他會看起來像個小丑！他只能在馬戲團裡得到一些空間，因為他是重複的。他會再覆誦一次《吉踏經》(*Gita*)，不管阿朱那(Arjuna，印度史詩《摩訶婆羅多》中的英雄人物。原意指光明)是否有空，也不管《摩訶婆羅多》(*Mahabharata*，印度史詩，也是全世界最長的史詩。內容描述婆羅多族的兩支後裔，爭奪王位繼承權的鬥爭)那一場大戰爭是否發生——他都會重複他的《吉踏經》。然後他會穿著他的衣服到處走動，而它們看起來會非常怪異。

只要想像一下耶穌又再度出現在你們這群人裡。他會是不合宜的！他會是個落伍過時的古董，他只有在博物館裡才是有用的，沒有別的地方了。

存在從來不重複。但是你總是被教導要像別人一樣：「你要像某人一樣——你要像鄰居的兒子一樣，看看他有多聰明。看……那個女孩走起路來多優雅。你要變得和她一樣！」你一直被教導要成為別人，從來沒有人告訴過你：就是當你自己，還有敬重自己的存在；你的存在是一項禮物。

永遠不要模仿——那就是我要說的。永遠不要模仿。就是當你自己——這是你虧欠存在的。當你自己！對自己真實，然後你會知道自己是獨特的。神是如此地愛你——這也就是為什麼你會在這裡！這也就是為什麼當初你會誕生；否則你不會存在的。你的存在顯示了存在對你無比的愛。

但是你的獨特並非來自於與他人的比較；你的獨特並非來自於你比鄰居、朋友、妻子、丈夫都更特別。你是特殊的，因為你是獨一無二的，你是唯一一個正好像你的人。在這份敬重裡，在這份了解裡，你想要成為特殊的那份努力會消失不見。

你所有想要讓自己特殊的努力就像是在蛇的身上裝上腳一樣，你會殺了那條蛇。出於慈悲，你替蛇裝上腳……你認為：「可憐的蛇，沒有腳牠要怎麼走路呢？」這就好像一條蛇掉入蜈蚣的手中，而蜈蚣對這條蛇有著無限的慈悲，牠想：「可憐的蛇，我有一百條腿，而他一條也沒有，牠要怎麼走路呢？牠至少也要有幾條腿吧。」如果牠動手術在蛇身上裝了幾條腿，牠會殺了那條蛇！蛇就牠本然的樣子是完全沒問題的；牠根本不需要腿。

你本然的樣子就非常的好。而這就是我所謂的「敬重自己的存在」。敬重自己跟自我無關，記得這一點。敬重自己等於是敬重造物者，因為你只是一幅畫——一幅神聖的畫。敬重這幅畫，你也就是敬重這個繪畫者。

敬重、接受、認知，那麼所有那些想要讓自己特殊的愚蠢努力會消失不見。

問題

看起來，權力的慾望似乎是來自於自我，但是我不確定那是什麼意思。什麼是自我？在我們未開悟之前，是否我們總是透過自我來運作，還是有些片刻，我們能夠是免於自我？

當人們和整體的中心有所隔絕時，人就失去了中心。存在只有一個中心；古時候的人把它稱為：道(Tao)、法(dhamma)、神。現在這些用語已經老舊了，你可以稱它為真理。存在只有一個中心，它沒有很多中心；否則這個宇宙就不會是一個宇宙，而會變成多重宇宙。它是一個整體，因此它被稱為「宇宙」(universe)，它只有一個中心。

不過你需要就這一點稍加沉思：這「一個中心」是我的中心、是你的中心、是每一個人的中心；這「一個中心」並不表示你沒有中心，而只是意味著你沒有另外一個分開來的中心。

讓我們用不同的方式來說。你可以在一個中心點上畫出許多同心圓，許多圓圈。你可以丟一塊石頭到湖裡：石頭掉落的地方會出現一個中心點，然後出現許多同心圓，然後這些漣漪繼續往外擴展到最遠的岸邊——無數的同心圓，但是全都來自同一個中心。

每一個圓都可以說這個中心是它自己的中心，某種程度說來，那確實是它的中心，但卻並不只屬於它而已。但是自我會出現而宣稱：「這個中心是我的，它是單獨的。這不是你的中心，而是我的中心；它就是我。」擁有一個個別中心的這種概念就是自我的來源。

當一個孩子誕生時，他來的時候並沒有自己的中心。當他在母親子宮裡九個月的時候，他把母親的中心當成自己的中心；他並不是分離的。然後他出生了，在那個時候，認為自己有一個分離的中心是有用的；否則孩子很難繼續生活下去，生命會幾乎難以持續。為了生存，以及為了在生命的戰場上掙扎存活下來，每個人都需要對自己有某種概念。但是沒有人有任何概念。事實上，從來沒有人有任何清楚的概念，因為在核心最深處，你是一項奧祕。你無法對它有任何概念。在核心最深處，你不是一個個體——你是宇宙性的。

那就是為什麼如果你問佛陀：「你是誰？」他會保持寧靜，他不會回答你。他無法回答，因為他不再是分離的，他是這整個整體。但是在日常生活裡，即使是佛陀也需要用到「我」這個字眼。如果他感到口渴，他會說：「我渴了。阿難，給我一些水。我渴了。」

如果要完全精確的話，他應該說：「阿難，給我一些水。這個宇宙的中心現在有一點渴。」但是這聽起來很奇怪，而且如果他一次又一次地這麼說——這個宇宙中心餓了，這個宇宙中心覺得冷了，這個宇宙中心累了——這實在沒什麼必要，完全沒必要。所以他繼續沿用「我」這個舊的字眼。這個字眼很有用；雖然它是一個幻象，但它是容易理解的。不只這個字眼，還有其他虛構的東西是有意義的。

例如，你有一個名字，那是虛構的。你生來是沒有名字的，你出生的時候並沒有帶著名字而來，這個名字是別人給你的。然後透過不斷地重複，你開始認同它。你知道你的名字是「莎莉」、「拉希姆」或是「大衛」。這個名字深刻到……如果你們三千個人全都在這個大廳裡睡著了，如果這時候有人進來喊：「拉希姆，你在哪裡？」除了拉希姆之外，不會有其他人聽到這句話。而拉希姆會說：「是誰打擾我睡覺？」甚至在睡眠中，他仍然記得他的名字；它已經一點一點地滲透，到達潛意識裡。但是名字是一個虛構的事物。

但是當我說那是虛構的幻象時，我並沒有說它是不必要的。那是一個必要的幻象，它是有用的；否則你要怎麼稱呼人們呢？如果你要寫一封信給某人，你要寫給誰呢？

有一次一個小孩子寫信給上帝。他的母親正在生病，而父親過世了，他們沒有錢，所以他跟上帝要求五十塊美元。

當這封信送到郵局時，他們都不知道如何是好——這該怎麼辦呢？要把這封信送到哪裡去呢？這封信是要寄給上帝的，所以他們打開了信。他們為這個小男孩感到難過，所以他們決定要募捐一些錢送去給他。他們募集到一些錢；小男孩要求五十塊，可是他們只募集到四十塊。

幾天之後，又來了另一封信，也是給上帝的，這個男孩寫道：「親愛的上帝，請你下一次送錢的時候直接送給我，不要透過郵局，他們拿了佣金——十塊錢！」

如果大家都沒有名字的話，情況會變得很麻煩。雖然事實上沒有人有名字，但是，名字它仍然是一個美麗的幻象。為了讓別人能夠稱呼你，名字是需要的。為了讓你能夠稱呼你自己，「我」這個字眼是需要的，但是那只是一個幻象而已。如果你深入你自己，你會發現這個名字消失了，「我」這個概念也消失了；只留下純然的「在」、「存在」以及「本性」。

而且那個本性並非分離的，它不是你的或我的；它是所有一切的本性。岩石、河流、山巒、樹木——全都包含在其中。它包含所有；它不排除任何事物。這整個過去、這整個未來、這廣大的宇宙——所有一切都包含在其中。你越是深入自己，你就越會發現個人是不存在的、個體是不存在的。真正存在的是一個純粹的宇宙性。在周圍表面上，我們有名字、自我、認同。但是當我們從周圍表面躍入中心時，所有的認同都會消失。

自我只是一個有用的虛構。

使用它，但是不要為它所騙。

你問說：「在我們未開悟之前，是否我們總是透過自我來運作，還是有些片刻，我們能夠是免於自我？」

因為自我是一個幻象，所以有些片刻你能夠免於自我。因為那是個幻象，只有當你持續供養它的時候，它才會存在。幻象需要你持續的維護。真實不需要維護；那就是真實所具有的美。但是幻象呢？你必須持續地為它上色，這裡那裡地裝設支架，而它時常會垮下來。當你設法支撐好一邊時，另一邊又開始跨下來了。

而這就是人們在生命裡持續不斷發生的事情，他們試圖讓幻象看起來像是事實。擁有較多的金錢；那麼你就能夠擁有更多的自我，比窮人所擁有的自我更堅固一些。窮人的自我比較薄弱，他負擔不起更多的自我。如果你成為一個國家的總理、首相，那麼你的自我會膨脹到極限。這麼一來，你會難以腳踏實地。

在我們的一生裡，追求金錢、權力、名望，追求這個或那個，其實都只是為了尋找新的後盾，尋找新的支持，以便能夠持續這個幻象。然而一直以來，你知道死亡遲早會來臨。不論你做了些什麼，死亡終究會摧毀它。但是人們依然持續抱著一絲希望——也許所有其他人都會死，但是我不會。

某個程度來說，這是真的。你總是看到別人的死亡，你從來沒有見過自己的死亡，所以那看起來是事實，也合乎邏輯。這個人死了，那個人也死了，但是你永遠不會死。你總是在那裡為他們感到遺憾，你總是去他們的葬禮上進行道別，然後再回家。

不要被這一點所欺騙，因為那些人也做著同樣的事。沒有人例外。死亡來臨時，它會摧毀所有的幻象，不論是你的名字還是名聲。死亡來臨時，它直接抹去一切；甚至不留下任何足跡。所有我們在生活裡持續製造出來的東西，都只是水上的痕跡而已——甚至不是沙土上的痕跡，而只是水上的痕跡。甚至在你寫好之前，它就消失無蹤。你甚至無法閱讀它；在你能夠閱讀之前，它就已經消失了。

但是我們不斷地建築空中閣樓。因為它是一種幻象，所以它需要日以繼夜持續地維修，持續的努力。可是沒有人能夠一天二十四小時一直如此地小心謹慎。所以有些時候，雖然你持續地維修，但仍然會有幾個片刻，你能夠瞥見事實，而不受到自我幻象的阻礙。當自我螢幕不在那裡時，雖然你持續的維修，但是有些片刻，你會記得真實。而每個人偶爾都會有這樣的片刻。

例如，每天晚上當你熟睡時，你的睡眠是如此的深沉，以致於你沒有任何的夢，這時候你找不到自我；所有的虛幻都消失了。深沉無夢的睡眠是一種微小的死亡。當然也有可能，你在夢裡仍然會記得你的自我。人們持續維護他們的自我，即使在他們的睡夢裡。

那就是為什麼心理分析試圖深入你的夢境，因為在夢裡，你對於自我認同的維護變得較為薄弱；比較容易找到其中的漏洞。平常白天的時候，你非常地警覺和提防，你不斷用防護罩來保護你的自我。在夢裡，有時候你會忘記這一點。但是那些研究夢境的人說，人們即使在夢裡仍然有著保護罩；只是它變得更微妙了一些。

比如說，你夢到自己殺掉了叔叔。但是如果你深入探討這個夢，你會很驚訝地發現：你想殺的是人其實是你的父親，但是你卻殺了叔叔。你欺騙了自己；這是自我玩的把戲。你是這麼善良的一個人，你怎麼可能會殺掉自己的父親呢？而叔叔跟父親看起來很像，雖然沒有人會真的想殺自己的叔叔。因為叔叔永遠都是好人——誰會想要殺掉自己的叔叔呢？可是有誰不想要殺掉自己的父親呢？

父子之間是注定會有對立情結的。父親必須管教兒子，他必須約束或削減兒子的自由，並且命令他，迫使他遵從。而沒有人喜歡順從、被管束，或者被要求應該這樣、不應該那樣。父親是如此地權威，他讓兒子感到嫉妒。而最大的嫉妒來自於兒子希望母親是完全屬於他的，但是父親卻總是擋在他們中間，他總是在那裡。而且不只是兒子會嫉妒父親，父親也會嫉妒兒子，因為兒子總是介於他和妻子之間。

目拉那斯魯丁的兒子結婚了。他跟妻子以及他的親朋好友一起回家，整間屋子都擠滿了人。然後他外出辦些事情，當他回來時，他嚇了一跳，因為他的父親正抱著他的妻子親吻著。這太過分了！這是絕對不可以的！所以他非常生氣的說：「你在做什麼？」

父親說：「那你這一生都在做什麼呢？你一直不斷地擁抱、親吻我的老婆，而我從來不曾對你說過什麼話。」

他或許從來沒有說過任何話語，但是他必然有過那樣的感受。在父親和兒子、母親和女兒之間總是有一種對立情節——一種自然的對立、一種自然的嫉妒。女兒會想要佔有父親，但是媽媽總是在那裡；她看起來就像個敵人一樣。

叔叔是很善良的一群人，但是在夢裡，你不會殺掉自己的父親。你的道德良知，你自我的其中一部分，會阻止你這麼做。所以你需要找一個代替品；這是一種策略。如果你仔細觀察你的夢，你會從中找出許多自我玩弄的計謀。自我無法接受這個事實：「我會殺掉自己的父親？我是這麼孝順的一個兒子，我尊敬我的父親，我非常愛他——我怎麼會試圖想要殺掉他？」自我無法接受這種想法，自我會把這個想法稍加轉移。而叔叔看起來跟父親很相似；殺掉叔叔似乎是比較容易接受的。叔叔只是一個替代品而已。這種事情即使在夢中也持續不斷地發生。

但是在無夢的睡眠中，自我會完全地消失，因為沒有思緒，就不會有夢境。而你要如何持續不斷地虛構呢？不過你無夢的睡眠狀態非常地短暫；在八個小時的健康睡眠中，這種無夢的狀態通常不會超過兩小時。

只有這兩個小時的睡眠能夠讓你恢復活力。如果你有兩個小時的無夢睡眠，那麼你早晨醒來的時候，你會是新鮮、鮮活而充滿活力的。生命再度是令人感到興奮的；這一天似乎是一項禮物。每件事情看起來都是新鮮的，因為你是鮮活的。而每件事情看起來是如此美好，因為你處在一個美好的狀態裡。

在你熟睡的這兩個小時裡發生了什麼事情？——帕坦伽利（Patanjali，印度聖哲，著有《瑜伽經》，本書賦予瑜伽所有理論和知識，形成完整的理論體系和實踐系統，帕坦伽利因此被尊為瑜伽之祖）把它稱為sushupti——無夢睡眠。其中自我消失了。而自我的消失讓你得以恢復活力。當自我消失時，即使在深度的無意識裡，你也已經品嘗到了神性的滋味。

帕坦伽利說無夢睡眠(sushupti)與三昧(samadhi)也就是佛的終極境界雖然不同，但是其中並沒有很大的差異。它們的不同之處在於意識。在無夢睡眠中，你是無意識的；在三昧中，你是意識清醒的。但是其中的狀態是一樣的。你進入神性裡；你進入了宇宙的中心。你從周圍表面消失，而進入了中心。也是因為接觸到這個中心，你得以恢復活力。

無法入睡的人才是真正的可憐人，極度不幸的人。他們失去了與存在聯繫的自然資源。他們失去了進入宇宙的自然通道；有一道門被關閉了。

這個世紀是第一個飽受失眠之苦的世紀。我們已經關閉了所有通往宇宙的門；現在我們正在關閉最後一道門，睡眠之門。這似乎是切斷與宇宙能量聯繫的最後一道門，這是極度危險的事情。現在，這個世界上有一些愚蠢的人在撰寫某些書藉，並且用一種非常邏輯的論述說：睡眠是完全不必要的，那只是浪費時間。他們是對的；那是一種浪費時間！對那些只想到金錢、工作，對那些工作狂而言，這是在浪費時間。

就像現在有戒酒互助會一樣，很快地，我們會需要工作狂互助會。那些沉迷於工作的人，他們必須隨時隨地上緊發條。他們無法休息；他們無法放鬆。甚至即使他們要死了，他們也還想著做些什麼。

這些人現在建議說睡眠是不需要的。他們說睡眠是不必要的，那只是一種過去遺留下來的習慣而已。他們還說過去沒有電也沒有火，出於某種必要性，人們必須要睡覺。現在不需要了。睡眠只不過是數百萬年來養成的老習性，而這個習性應該被揚棄。他們的想法是睡眠會在未來逐漸消失。

他們甚至創造出新的設備，讓人們可以在睡覺時繼續學習——一種新型態的教育，所以時間不會就此耗費掉。然而，那會是我們發明出來，用來折磨孩子的最後一種方式！我們已經發明了學校，但是我們仍然覺得不滿足。幼小的孩子被關在學校裡……

在印度，學校和監獄過去採用相同的油漆方式，相同的顏色。它們是同樣類型的建築物。醜陋，沒有美感，周圍沒有樹木、鳥兒、動物——所以孩子們不會分心。否則，當鳥兒在窗外呼喚時，誰要聽那個愚蠢的數學老師上課呢？或者當草地上來了一隻鹿的時候，而老師正在教導地理或歷史……孩子們會分心，所以他們必須遠離自然、遠離社會。他們被強迫坐在硬梆梆的板凳上五個小時、六個小時、七個小時。這種情況會持續上好幾年，幾乎人生三分之一的時間都消耗在學校裡。社會已經把人們變成奴隸。所以在他們剩餘的人生裡，他們會變成工作狂；他們無法擁有真正的假期。

現在，這些人認為為什麼要浪費夜晚的時間？孩子們可以進行夜間教育，他們可以在床上睡覺，但是他們的耳朵可以連結到中央學校，然後以一種非常細微而下意識的方法，把訊息輸入到他們的大腦裡。孩子會被程式化。

而且他們發現這種學習方式比清醒的時候效果更好。這是自然的，因為當你清醒時，不論是多麼保護的環境，還是會有一千零一樣事情讓你的頭腦分心。而孩子的能量充沛，每件事情都會吸引他們；他們的注意力不斷地轉移。但是那只不過是能量而已；那不是什麼罪過。他們不是死人；所以他們才會分心。

外面的狗吠，有人在爭吵，有人跟老師耍花招，有人說笑話——有一千零一件事情會不斷分散他們的注意力。但是當孩子睡覺時——尤其是在無夢的熟睡中——注意力不會被分散。於是無夢的睡眠狀態就被用來當成一種教學方法。

那看起來像是我們用盡一切方法，切斷我們跟宇宙根源的連結。現在，這些孩子會便變得非常醜陋，因為所有一切能夠放鬆、超越自我的可能性都被去除了。讓自我消失的最後一分可能性也消失了。原本他們可以用來與神性接觸的時間，他們被灌輸的是如垃圾般的歷史。成吉思汗的出生日期——誰在乎呢？事實上，如果成吉思汗從來不曾誕生的話，這個世界會更美好些！

那就是我在學校考卷上所寫的，我的老師因此非常生氣。我在教室外面被罰站了一整天，只因為我在考卷上寫著：「很不幸的是他誕生了。如果他從來沒有誕生過，這個世界會非常的幸運。」似乎，那些國王和皇帝的相繼出生只是為了折磨那些幼小的孩子；他們毫無理由地被迫要記住這些人的生日和名字。一個較好的教育制度會丟掉所有這些狗屎，其中百分之九十都是廢話，而剩下的百分之十也仍然有許多改進空間。這麼一來，生活可以有更多的喜悅、更多的休息、更多的放鬆。

因為這個自我是一個幻象，所以有時候它會消失。而最好的時機就是在無夢的睡眠裡。所以你要記得，你的睡眠是非常有價值的；不要因為任何理由而錯過它。慢慢地，讓睡眠變成一件規律的事情。因為身體是一種機制，如果你有一種規律的睡眠模式，你會發現身體變得更舒適，而頭腦也更容易消失。

盡量在同一個時間上床睡覺。你不需要太過拘泥——就算有一天你晚睡了，你也不會因此而下地獄或出什麼事！我得要很小心，因為這裡有一些健康狂熱份子。他們唯一的症狀就是持續不斷地思考關於健康的事情。如果他們能夠停止思考關於健康的事情，他們會是完全健康的。但是，如果你能夠讓睡眠變成一件規律的事情，在幾乎同樣的時間上床睡覺和起床……身體是一個機制，頭腦也是，那麼它會在特定的時間裡直接滑入無夢的睡眠中。

第二種無我狀態的最佳來源是性與愛。同樣地，這也被神職人員所摧毀了；他們譴責它，所以，它已經不再是一種偉大的經驗。由於長久以來的強烈譴責，人們的頭腦已經受到充分的制約。甚至當他們做愛時，他們的內在深處也認為自己正在做一件錯誤的事情。罪惡感會潛伏在某個地方。即使是最現代化、走在時代尖端的人也是如此，即使新世代也是如此。

表面上，你或許反對社會；表面上，你或許不再是一個循規蹈矩的人。但是有些事情已經太過深入；重點不在於表面上的反抗。你可以留長髮，但是那不會有多少幫助。你可以成為一個嬉皮，停止洗澡，而那也不會有多少幫助。你可以在任何你想像得到的向度上脫離社會，但是那真的不會有什麼幫助。因為那些東西已經進入的太深，而你所做的這一切都只是表面上的措施。

幾千年下來，我們被灌輸性是最大的罪惡。這種想法已經變成我們骨髓、血液裡的一部分。所以即使你意識上知道那並沒有什麼不對，但是潛意識裡你還是保持距離、害怕、內疚，你無法全然地進入其中。

如果你能夠全然地進入性愛裡，自我就會消失。因為在最高的顛峰裡，在做愛最高的高潮裡，你只是純粹的能量，頭腦無法運作。帶著如此的喜悅，帶著如此能量上的迸發，頭腦只會停止運作。是這種高漲的能量讓頭腦變得不知所措；它不知道接下來該如何是好。頭腦在平常狀態裡能夠良好地運作，但是當某些如此鮮活、如此具有活力的事情發生時，它就停止運作了。而性就是最具有活力的一件事。

如果你能夠深入性愛裡，自我會消失。這就是性愛所具有的美，這也是另一種能夠擁有超越性瞥見的方式——就像是深沉的睡眠一樣，只是它更有價值。因為在熟睡中，你是無意識的，而在性愛裡，你是清醒的——意識清醒，但卻沒有頭腦。

因此偉大的譚崔科學變得是可行的。帕坦伽利以及瑜珈所採用的路線是深層睡眠；他們選擇這個途徑，把深層睡眠蛻變成為一種意識的狀態，讓你知道你是誰，讓你知道你正在這個「中心」裡。而譚崔則選擇性愛作為進入宇宙的窗口。瑜珈的途徑非常長遠，因為要把無意識的睡眠蛻變成意識的狀態，是一件非常艱辛的工作；它可能需要好幾世的時間。況且，誰知道你是否能夠堅持這麼久，是否能夠持續這麼久。所以瑜珈最後的命運是——那些所謂的瑜珈行者不斷地進行各種瑜珈體位。他們從來沒有再進一步的深入，瑜珈體位就已經花了他們一輩子的時間。當然他們可以因此變得比較健康、比較長壽——但是這並不是重點！你可以透過慢跑、游泳而讓身體變得健康，你可以透過醫學而變得長壽。這並不是重點。

重點在於如何讓深度睡眠變成是有意識的。但是你們所謂的瑜珈行者卻一直教你們如何倒立，如何扭曲身體。瑜珈已經變成一種毫無意義的馬戲團表演。它已經失去真正的方向。

我的看法是讓瑜珈重新恢復它原來的真實風貌、真正的方向。而它的目標是讓你在熟睡時能夠變得有意識。這是瑜珈裡最重要的部分，如果那些瑜珈行者教導的是其他事情，那些都是無用的。

譚崔選擇了一條更為簡短的途徑——它最短，但也擁有較多歡愉！性愛可以打開這扇窗口。你唯一需要的就是把神職人員加諸在你身上的制約連根拔起。神職人員把那些制約加諸在你身上，好讓他們可以成為你跟神之間的仲介，所以你直接的連結被切斷了。然後很自然地，你會需要有其他人來協助你進行聯繫，於是神職人員開始變得有力量。好幾世紀以來他們一直都非常具有權勢。

不論是誰，只要他能夠讓你跟力量、真正的力量有所連結，他都會變得很有權勢。神是真正的力量，神是一切力量的源頭——好幾世紀以來，神職人員一直比國王還更有權勢。

現在，科學家取代了神職人員，因為科學家知道如何打開隱藏在大自然中的力量之門。神職人員宣稱他們知道如何幫助你和神有所聯繫；而科學家知道如何幫助你和大自然有所聯繫。但是神職人員必須先切斷你和神之間的聯繫，這麼一來你跟神性之間才不會有什麼個別私人管道。他破壞了你內在的資源，毒化了它們。他因此而變得有權勢，但是整個人類因此而變得冷漠、缺乏愛意且充滿了罪惡感。

你需要完全放掉那些罪惡感。把做愛當成是一種祈禱、靜心與神性的事情。在你做愛時，你焚香、吟誦、唱歌、跳舞。你的臥房需要變成一座廟宇，一個神聖的地方。而且性愛不應該是一件匆忙的事情。深入其中；盡可能緩慢且優雅地品味它。然後你會非常地驚訝，你已經擁有這把鑰匙。

存在把你送進這個世界時，它已經給了你鑰匙。但是那些鑰匙需要被運用，你需要把它放入鎖裡，轉動它。愛是另一種現象，最具有潛能的一種。在愛裡，自我會消失，而你會變得有意識，充滿意識，脈動著以及震動著。你不再是一個單獨的個體；你已經消失在整體的能量裡。

然後，慢慢地，讓這成為你生活的方式。在愛的頂峰所出現的經驗需要成為你的內在紀律——不再只是一種經驗，而是成為一種內在紀律。如此一來，不論你做什麼，不論你人在哪裡……在清晨的日出裡，與這整個存在同樣，你會經驗到同樣的感受、同樣的融合。躺在地面上，天空佈滿星群，你會再度有著同樣的融合感。躺在大地上，感受自己與大地合而為一。

慢慢地，性愛應該能夠帶給你一個線索：如何在愛裡與存在同在。這麼一來，你會知道自我是一個虛構的幻象，你可以把它當成是一個虛構的東西來使用。當你把它當成一個虛構的東西來使用時，那是沒有危險的。

還有一些其他的片刻，自我會自形消失。像是在危險發生的時刻：你正在開車，突然間你看到意外就要發生了。車子失控了，一時之間似乎找不到拯救自己的方式。你不是要撞上大樹就是撞上迎面而來的卡車，或者即將掉入河裡——危險就在眼前。在這種片刻裡，自我會突然消失。

那就是為什麼人們深受危險所吸引。人們攀登聖母峰——那是一個很深奧的靜心，他們或許知道這一點，也或許不知道。登山是一件非常具有意義的事情，因為登山是危險的。當一座山越危險時，它也就越美麗。你會因此而獲得一些瞥見，無我的偉大瞥見。

不論何時，當危險接近時，頭腦就會停止運作。頭腦只能夠在你不危險的情況下進行思考；它在危機裡無話可說。危險讓你變成自動自發，而在這樣的自發性裡，你突然間知道你並非這個自我。

當然，這也會因人而異，因為每個人都不一樣。如果你有一顆具有美感的心，那麼美就會打開那道門。光是看到美好的女人或男人經過、光是看到美在那一瞬間閃耀，突然間你的自我消失了，你被淹沒了。或者當你看到池塘裡的蓮花、日落、展翅的鳥兒，當你看到任何能夠觸動你內在敏感性的事情，它會在那個當下片刻裡深深佔據你，讓你忘卻自己，那是一種你在卻又不在的感覺，你像是失去了自己。在這種片刻裡，同樣地，自我消失了。自我是一個幻象；你必須一直帶著它，如果你忘記它一會兒，它就會消失。

幸運的是在某些片刻裡，當自我溜走時，你會因此而瞥見真理和真實。因為這些瞥見，所以真正的宗教才沒有消失，而不是因為那些神職人員。事實上，他們做盡一切來扼殺宗教。也不是因為那些所謂的宗教人士，那些去教堂、清真寺或寺廟的人。因為他們根本不具有宗教精神；他們只是在假裝而已。

真正的宗教沒有消失，是因為每個人或多或少都曾經有過這樣的片刻。多多注意它，多多吸收這些片刻的精髓，允許這些片刻出現的越來越多，創造出一個空間讓這些片刻能夠出現的越來越多。這是追尋神性的真正方式。當自我消失時，你就在神性裡。

問題　照顧一個企業意味著延續、承諾與責任——這些價值和我所嚮往的待在當下、自由和自發性是有所衝突的。請說一下如何讓這兩個空間和平共處的方法，如果有任何方法的話。

如果你想要同時騎兩匹馬，那一定會是困難的。你需要了解一件事：如果你嚮往自由、自發性與待在當下，那麼你就無法是俐落有效率的。你可以繼續經營你的生意，但是你必須轉變你的態度與方式。你無法妥協這兩者，你也無法綜合這兩者。你必須犧牲某一邊。

我想起我的祖父。我的父親和叔叔不喜歡他待在店裡。他們會對他說：「你去休息或是去散步一會。」但是有一些客戶就是要找他，他們會說：「我們等他在的時候再過來。」問題是，他不是一個生意人。

他常常會直接跟客戶說：「這個東西的成本是十盧布，我只拿百分之十的利潤。所以我賣你十一盧布。你不會連這百分之十的利潤都不給我吧？不然我們要如何過日子呢？」所以人們會馬上跟他成交。

但是在我父親和我叔叔的眼裡，這是一種損失，因為他們會從二十盧布開始喊價，然後開始討價還價，如果客戶能夠把價錢殺到十五盧布，他會很開心他少付了五盧布。但是事實上他們多付了四盧布！所以，他們總是把我祖父推出去：「出去走一走，去河邊好好游個泳。去公園休息。你年紀大了，不需要待在這裡。」但是我的祖父會說：「有一些客戶認識我，也認識你們。他們知道我不是生意人，他們也知道你們是生意人。我跟我的客戶說如果我不在的話，稍微等一下，不論你們把我送去哪裡，我很快就會回來。」

他經常告訴他的客戶：「記住一件事：不論是西瓜落在刀子上還是刀子落在西瓜上，被切砍成片的永遠是西瓜，而不是刀子。所以要小心生意人。」他有他自己的客戶，這些人甚至不說他們的來意，他們只是坐著等。他們會說：「讓那個老人回來。」

你可以以誠信、真實、真誠的方式來經營生意；你不見得要變得狡猾、剝削和欺騙。所以不要試圖在經營事業——「持續、承諾、責任」——與「我嚮往的待在當下、自由和自發性」之間找到任何綜合體。

傾聽你的心，因為終究是你的心決定你這個人的品質、你意識的成長，並且最終引導你和你的覺知超越死亡。其他任何一切都是世俗的。

你的承諾是什麼？一個具有了解性的人會避免做出承諾。你持續的是什麼？只因為你的父親、你的祖先們一直經營這個事業，所以你也要經營同樣的事業。你在這裡只為了重複過去嗎？

你難道沒有勇氣去嘗試新的事物，同時丟掉過去老舊與腐爛的一切，把新鮮的微風帶進你的生命，也帶進那些關心你的人的生命裡嗎？你持續的是什麼呢？事實上，你每個片刻都應該是不連續的，不只是跟他人的過去，像是你的父親或祖先的過去，而是在每個片刻裡切斷你自己的過去。過去的就是過去了，你沒有任何義務要延續已逝的屍體。

而承諾永遠是出於無意識的。比如說，你愛上了一個女人，你希望她跟你結婚，但是她要求你給予承諾。而你卻如此地無意識；你輕易地對未來許下承諾，而未來是你無法掌控的。你怎麼能夠承諾任何關於明天的事情呢？明天不是你的財產。你或許在那裡；你或許不在。誰知道明天會如何呢？或許到了明天，現在突然間佔據你的這份愛就消失不見了。

但是幾乎每個男人都對他的女人承諾：「我會愛你一輩子。」而這個女人也會承諾：「我不只愛你今生今世，我還會向神祈求，讓我每一世都能夠找到你，成為我的丈夫。」但是沒有人察覺到你甚至無法掌握未來的某個短暫片刻。所有的承諾只會產生麻煩。明天你的愛或許會突然消失，就像是當初它突然出現一樣。愛是一種發生；不是你的一種作為。明天，當愛消失，而你發現自己的心完全枯竭時，你該怎麼辦？

這個社會唯一能夠接受的方式就是你變成一個偽君子、偽裝者。你繼續假裝那些已經不存在的事情還在那裡。至少你要繼續向對方說：「我愛你。」你知道你說的話毫無意義，這個女人也知道你說的話語沒有意義，因為你的話語並不誠懇。就愛而言，你欺騙不了女人的；女人有驚人的敏感度。事實上，當愛在那裡時，你不需要重複說這些話語。你知道，她也知道。你之所以要持續地重複這些話語，是因為「心」已經不再散發出愛了，所以你才需要用語言來替代。

但是言語是非常貧乏的。你的行動顯示了某些東西，你的臉展現了某些東西，你的雙眼顯現了某些東西，可是你的話語卻試圖堅持某些完全相反的東西。問題在於你沒有足夠的意識與覺知對那個女人說：「我怎麼能夠做出承諾呢？我是一個脆弱的人類——我沒有絕對的意識。大部分的我仍然處於黑暗中，我還不了解那些部分。我不知道自己明天會出現什麼樣的慾望，妳也不知道自己會出現什麼樣的慾望。所以請不要對我承諾任何事情，而我也不會對妳做任何承諾。只要愛依然真實，我們就會繼續相愛，當我們覺得自己必須要開始偽裝時，我們不要偽裝，因為那是醜陋而缺乏人性的。我們就是接受過去的愛已經不存在了，我們該分手了。我會記得所有共度的美好時光，它永遠都會是鮮活的記憶。我不想讓偽裝來破壞它；我也不希望妳變成一個虛偽的人。」

永遠不要做任何承諾。你要知道，承諾只會帶來困擾，因為很快你就會發現自己無法實現這些承諾。

而「責任」……你一直背負著責任這個概念所造成的負擔，你對你的父母有責任，你對妻子或丈夫有責任，你對你的孩子有責任，你對鄰居有責任，你對這個國家、這個社會有責任。好像你在這裡就是為了對每一個除了你以外的人負責任。這實在很奇怪。

有一個女人正在教導她的孩子：「我們宗教的基本教義就是服務他人。」小男孩說：「我知道，可是有一點我不懂，那他人要做些什麼呢？」

母親說：「他們當然也要服務他人。」小男孩說：「真奇怪，如果每個人都服務他人，為什麼不讓我服務我自己，而你服務你自己呢？為什麼要弄得這麼複雜又有壓力——我需要先服務他人，然後再等待他人來服務我？」

出於一份天真，這個孩子說出了所有宗教都已經遺忘的真理。事實上，責任的真正意義已經被宗教、政客、不切實際的社會改革者、老師以及父母所扭曲了。他們扭曲了責任的真正意義，他們讓責任變得跟義務一樣：那是你的義務。而義務(duty)是個髒話！

你不應該出於義務而去做任何事情。你要嘛因為愛而做一些事情，要嘛你什麼都不做。要記得你的生命需要是充滿愛的生命，如果你出於愛，而有所回應，我把它稱為為責任(responsibility)。你可以把這個字拆成兩個字——response-ability，不要把它看成一個字。把這兩個字合在一起已經給這個世界製造出許多的困惑。Responseability不是責任；而是回應(response)的能力(ability)。愛能夠有所回應，這個世界上沒有別的力量能夠像愛如此地回應。如果你愛的話，你是一定會有所回應的；而其中不會有負擔。義務是一種負擔。

再一次，我想起我的祖父。他是一個單純的鄉下人，沒有受過多少教育，卻有著孩子般天真的品質。他非常喜歡有人在他睡覺前幫他按摩雙腳，可是大家都試著躲開這件事。當他鋪好床的時候，每個人都盡可能地離他遠一點，免得被逮到；但是我總是在那個時候去找他。

他說：「真奇怪，每當我鋪好床的時候，大家就消失了。不久之前，每個人都還在這裡。而一旦我去睡覺了——即使我還醒著，只是閉上了眼睛——他們又全都回來了。」

我說：「沒有人願意按摩你的腳。對我來說，那不是我的義務。但是他們都認為那是他們的義務，只要被逮到，他們就有義務要按摩你的腳。我不認為那是我的義務。如果我不想按摩你的腳，我會直接說。」我讓他很清楚的知道：「我會在我按摩夠了的時候停止，而不是由你決定。」

我發明了一種象徵性的語言、一種代碼來跟他溝通。每當我覺得我想要停止之前，我會說：「逗點。」

他會說：「等一下，太早了。」

我說：「我已經警告過你了——很快就會是分號，然後是句點。一旦我說句點時，那就結束了。」我是出於我的愛而幫他按摩；不是出於我的義務。那些認為是他們的義務的人都消失不見了。而他了解這一點；他說：「你讓我徹底地了解。我之前從來不知道義務與愛之間有這麼巨大的差異。」

在非洲曾經有一位印度教的聖人，他來到印度喜馬拉雅山朝聖，特別是印度教的聖廟巴德納斯(Badrinath)以及克達那斯(Kedernath)。這兩座廟宇是人們最難到達的地方——在那個時代則更為困難。有很多人再也沒有回來過，因為那裡的道路很窄，路的一邊就是萬丈深淵，而整座山覆蓋著永不融化的白雪。只要腳稍微滑一下，你就完了。現在情況好多了，但是我說的那個時代，那是非常艱困的事情。

這位印度教徒非常地疲憊，他揹著很小的行李，因為在那種高度下，大件行李會讓旅途更困難。空氣開始變得稀薄，甚至連呼吸也變得困難。然後就在他面前，他看到一個不到十歲的小女孩揹著一個很胖的小男孩。她流著汗，喘著氣，當這個印度教徒經過她旁邊的時候，他說：「我的小女孩，妳一定累了。妳揹著這麼重的負擔。」

小女孩變得很生氣，她說：「你才揹著負擔呢。這不是負擔，他是我的弟弟。」

我讀過這個人的自傳，他記得那個事件，還有當時他所受到的驚嚇。那是事實；他們是有差別的。當然，在磅秤上，那不會有差別；不論你放的是你的弟弟還是行李，那都沒有差別，磅秤會顯示出相同的重量。但是心不是磅秤。這個小女孩是對的：「你才揹著負擔呢；我不是，這是我的弟弟，而我愛他。」

愛可以抵銷地心引力；愛可以抵銷任何負擔。出於愛，任何的回應都是美好的。沒有愛的話，責任是醜陋的，而且它只顯示出你有一個奴性的頭腦。

所以就我而言，如果你真的渴望自由、自發性與待在當下，你不會有所謂綜合這兩者的問題。你需要改變你經營事業的方法。讓你的事業變成你的靜心、你的誠懇、你的真實；不再剝削。你所謂的持續性會消失，而你會把某個嶄新的東西帶進存在裡。承諾是絕對荒謬的。你沒有辦法做出承諾，因為時間不在你手裡；生命也不在你的手裡，愛也不在你手裡。你有什麼立場來做出承諾呢？

你的情況幾乎就像是我經常談到的那兩個人，兩個人都是鴉片的癮君子。在一個滿月的夜裡，兩個人躺在樹下享受著滿月，其中一個人說：「月亮看起來真美，我想把它買下來。」另一個人說：「想都別想。因為我不賣。絕對，絕對不要再提這件事！」

兩個人都沒有月亮，但是在他們的潛意識裡，一個認為自己擁有月亮，另外一個則準備去買下月亮。第一個人說：「不要生氣。如果你不想賣，那也沒關係。但是我願意付出任何代價，你可以要求任何價錢。你這樣拒絕我是不對的，我們是老朋友了。」但是第二個人說：「根本不要妄想。不論友誼如何，我都不會賣了它！」他們真的把這件事情看得很嚴肅。

你的承諾就像是這種情況。

有一個男人跟一個女人說：「我會永遠愛你。」但是隔天，他愛上了另外一個女人。他只是生理——一種盲目驅力——的受害者。我並不是說當他說「我會永遠愛你」時，他在說謊；情況並非如此，他當時絕對是真實的。那個準備要買下月亮的人也沒有說謊；他是真的有意買下月亮。而那個拒絕的人也沒有說謊，當他說他不會用任何價錢賣掉月亮時，他絕對是認真的。

當這個男人說「我會永遠愛你」時，他是絕對真誠的；但是他並沒有意識到明天並不在他的掌控裡。他只能談論這個當下的片刻：「現在，我愛你。至於明天，我們看看到時候發生什麼事情。不論是我還是你，我們兩個人都是自由的。如果明天我們還是覺得愛著彼此，那會是一個很大的驚喜。」

為什麼要用承諾封閉你的生命呢？為什麼不讓驚喜敞開你的生命呢？為什麼不讓冒險敞開你的生命呢？為什麼要緊閉在墳墓裡呢？然後你感到痛苦，因為你開始思考：「我已經許下了諾言。我已經做了承諾。我是否想要履行這個諾言並不重要。重要的是我的誠信岌岌可危。所以我會假裝，因為我無法接受當時許下諾言的我是個傻瓜。」

沒有所謂在真實與不真實、誠懇與虛假之間製造什麼綜合體的這種問題。你需要的是放掉虛假，然後傾聽你的心，並且跟隨你的心。不論代價是什麼，那都是微小的。不論你會因此而失去什麼，就讓它失去。但是，如果你能夠傾聽你的心，你終究會是贏家，勝利是屬於你的。但是如果你想自欺欺人，情況就不一樣了。

佩迪在科學雜誌上讀到香菸已經被證實會讓老鼠致癌。這讓他深受影響，所以那個晚上當他上床時，他把香菸鎖在老鼠進不去的衣櫃裡。

多麼偉大的了解與綜合啊！

你只有能力製造出像這樣的綜合體。

問題　如何慢下來？

生命並沒有要到達任何地方；生命沒有目的地，沒有終點。生命是非目標性的；它就只是存在。除非你讓這樣的領悟穿透你的心，否則你無法慢下來。

沒有所謂「如何」慢下來的這種問題；因為問題不在技巧或方法。我們已經把一切都減損變成一件該怎麼辦的事情。這個世界到處有著各種絕佳的「操作主義」(how-to-ism)。每一個人，特別是現代人的頭腦已經變成一個「應該如何」的操作者：如何做這個、如何致富、如何成功、如何影響別人以及贏得友誼、如何靜心，甚至還有如何去愛。再過不久，就會有白痴問說該如何呼吸了。

這根本不是「如何」的問題。不要把生命貶低成一種技術。當生命被貶低成一種技術時，它就失去了所有的喜悅。

我曾經看過一本書；書名很荒謬，叫做《你必須放鬆》(*You Must Relax*)。這個「必須」就是問題！因為這個「必須」，沒有人能夠放鬆。現在，不只是「必須」，它還加了一些東西變成「你必須放鬆」，這只會在生活中製造出更多的緊繃。如果你試著讓自己放鬆，然後你會發現自己變得比以前更緊繃。如果你嘗試的更努力些，你會變得越來越緊繃。

放鬆不是結果，它不是某些行動所帶來的結果；它是領悟所散放出來的光輝。

這是我想要對你說的第一件事：生命是沒有目標的。人們很難接受這一點。為什麼人們很難接受生命是沒有目標的呢？因為沒有目標的話，自我就無法生存。人們很難想像生命是沒有目標的，因為沒有任何目標的話，人們也就不再需要頭腦，不再需要自我。

自我只有在目標取向的觀點中才能生存；頭腦只能夠存活在未來。而目標把未來帶進來，目標創造出思想得以移動的空間，慾望因此而升起。然後很自然地，你會變得匆忙，因為生命是如此的短暫。今天我們在這裡，明天我們就不在了——甚至有可能下個片刻我們就不在了。

生命非常的短暫。如果你有目標要達成，你就注定會是匆忙的。而且你也注定會擔憂，不斷地擔心「我到底辦得到還是辦不到」——一顆顫抖的心，一種來自於根本的動搖。你會一直感覺到內在的地震；你會一直處在精神崩潰邊緣。一旦你有了目標，遲早你會躺到精神分析師的沙發上。

我的視野是非目標的生命。那是所有諸佛的視野，所有一切就是存在著，完全沒有任何理由。所有一切的存在都是沒有理由的。如果你了解這一點，這麼一來急促與匆忙要從何處而來，又為了什麼呢？這麼一來你就會開始生活在每個片刻裡。你被賦予的這個片刻是一個慈悲的禮物，它來自神性或整體或隨便你怎麼稱呼它——道、法、宇宙法則。

這個片刻是向你敞開的：唱首歌，活出它的全然。不要為了任何未來的片刻而犧牲它。純粹為了這個片刻而活。

人們說藝術是為藝術而藝術。那或許如此，也或許不是——我不是一個藝術家。但是我可以對你說：生命是為生命本身的緣故。每一個片刻都只為它自己的緣故。為了其他任何事情而犧牲掉這個片刻是非常不明智的做法。而且，一旦這種犧牲變成了習慣，你會為了下一個片刻犧牲這個片刻，然後再為了下下一個片刻犧牲下一個片刻，如此不斷下去，你會為了明年犧牲今年，為了下一世而犧牲這一世！然後它會成為一個簡單的邏輯：一旦你踏出第一步，這整個旅程就會開始——而這個旅程會把你帶入廢墟；這個旅程把你的生命變成沙漠，這個旅程是一個自我毀滅、自殺的旅程。

生活在當下的片刻裡，只為了生命純粹的喜悅。然後每個片刻會有著一種高潮的品質。沒錯，就像性高朝一樣。我的門徒需要這樣地生活，沒有「應該」，沒有「應當」，沒有「必須」，沒有戒律。你之所以在這裡，並不是為了某種信仰而犧牲、殉道；你在這裡，是為了全然地享受生命。而唯一一種能夠讓你真正去生活、去愛、去享受的方式就是忘了未來。未來並不存在。

如果你能夠忘記未來，如果你能夠了解它並不存在，那麼你也就不必為將來持續地做各種準備。當未來被放掉時，過去也會自然而然地變得不重要。我們之所以背負著過去，是為了以便未來能夠運用它。否則，誰要背負著過去呢？那是不需要的。如果沒有未來的話，還有什麼理由讓你背負著過去所給你的知識呢？它是一個重擔，而它會扼殺了這個旅程裡的喜悅。

讓我提醒你：這是一趟純粹的旅程。生命是一趟朝向無處(nowhere)的朝聖之旅，從無處到無處。而在這兩個無處之間的是此時、此地。「Nowhere(無處)」這個字眼包含兩個字：此時(now)和此地(here)。在兩個無處之間就是此時此地。

問題不在於遵循某個技巧而讓自己慢下來，因為如果你基本的生活態度不曾改變，仍然是以目標為取向的話，你或許試著要慢下來，或是你真的成功地讓自己慢下來了，但是你的生活會開始出現另外一個緊張。你必須不斷警戒著才能讓自己慢下來，你必須不斷控制著自己才能保持緩慢。

這麼一來，你無法擁有一股自由的能量。你會一直處於害怕之中，因為如果你忘了這個技巧，舊有的習性馬上又會再度佔據你。而這個習性一直都還在那裡，因為事實上，這個習性是扎根在你生活的哲學裡。你一直被教導要成為一個有成就的人：你必須有所成就！

從孩子出生的那一刻起，我們就開始餵養他各種毒藥：企圖心、成就、成功、富有、名聲、名望。我們開始毒害他存在的泉源；我們把所有的注意力……把二十五年的時光都浪費在給孩子一個有毒的教育。那佔據了生命將近三分之一的時間；而那是一種浪費。而且這是人生最重要的三分之一，因為當一個人二十五歲時，在許多向度上他都已經開始走下坡了。他性慾的高峰時期已經過了；一個人大約在十七、八歲的時候達到性慾的最高峰。到了二十五歲時，他已經不再年輕了。

二十五年的時間被耗費在創造出一個以成就為取向的頭腦……然後接下來是競爭和衝突。在生命的每一個階層裡，到處都有政客。甚至在私密的親密關係中，也有著政客的存在：丈夫試圖控制妻子，妻子試圖控制丈夫，孩子試圖控制父母，父母試圖控制孩子。親密再也無法存在，因為對於一個以成就為取向的頭腦而言，親密是不可能的事情。他只知道如何利用他人，他沒有辦法敬重他人。他只知道剝削榨取，他跟生命的關係就像馬丁・布柏（Martin Buber，出生於維也納的猶太人哲學家）所說的「我—它關係」，他生命裡的每一樣東西都被物化成為商品。

當你愛上一個女人——你馬上就把她物化成為商品，把她貶損成為一個妻子，而她也試圖把你從男人貶損成為丈夫。身為一個男人有著他自己的美，身為一個女人也有著她自己的神聖，但是成為妻子或丈夫，那是醜陋的。愛已經消失了；剩下的只是法律。親密已經消失了；剩下的是討價還價與生意。現在這首詩變成是死寂的。兩個人都變成了政客，互相競爭著操控彼此？

從最親密的關係到最無情的關係，都有著同樣的情節；一種我—它的情節。那就是為什麼我們會創造出一個醜陋的世界。當然，當你有這麼多的對手與競爭者時，你要如何慢下來呢？如果你慢下來，你就會失敗；如果你慢下來，你就絕對無法成功；如果你慢下來，你就輸了！如果你慢下來，你會成為無名小卒，你無法在世上留名。如果你慢下來，你會變成什麼樣的人呢？所有其他人都不會慢下來的。

這就好像你在奧林匹克競賽裡，然後你問我：「如何慢下來？」。如果你慢下來，你就會被淘汰！然後你就從這個奧林匹克競賽裡消失了。而人們的生命都已經變成一場奧林匹克競賽，每個人都在競爭著，每個人都必須極力競賽著，因為這攸關生死。上百萬個敵人……我們所生活的世界，每個人都變成是你的敵人，因為任何跟你競爭的人，就是你的敵人。他們會摧毀你成功的機會；而你也會摧毀他們成功的機會。

在如此富有野心的世界中，友誼無法綻放，愛幾乎是不可能的，慈悲也無法存在。我們已經創造了一個醜陋的混亂，而其根源就在於：我們認為自己需要有所成就。

資本主義國家與共產主義國家之間沒有多少的差別；它們有著相同的哲學。共產主義不過是資本主義的副產品，就像基督教是猶太教的副產品一樣。它們沒有多少差別；只是文字上的改變而已。其中的遊戲還是一樣的——當然，它們把它轉譯成另一種語言，不過還是同一個遊戲。

共產國家也有著許多的權力鬥爭——事實上，它的鬥爭比資本主義國家還更多——因為我們從來沒有改變過基礎，我們只是不斷地粉刷牆壁。你可以粉刷它們，你可以改變顏色，但是那不會帶來任何真正的變化。而我們在自己個人的生活裡，也是一直不斷地這麼做。

有一個政客來找我，他想要學習如何做靜心。我問他：「為什麼？」他說：「為什麼？靜心帶來平靜與寧靜，我想要變得寧靜，我想要變得平靜。」

我問他：「你真的想要平靜下來嗎？」

他說：「對，那就是為什麼我從大老遠過來。」

我說：「那麼，首先你要了解政客的頭腦是絕對無法寧靜，也無法平靜的。你必須選擇，如果你要進入靜心的世界，你就必須離開政治的世界。你無法同時騎兩匹馬，而這兩匹馬還朝著截然相反的方向前進。」

他說：「這太過分了！事實上，我來找你就是為了我的政治事業。我的頭腦太過緊繃，我晚上無法入睡，無法休息、輾轉反側，我還每日每夜不斷地有著同樣的政治焦慮。我來找你，就是希望你能夠教我靜心的技巧，幫助我放鬆下來，然後有效率地在這個世界上競爭。我還沒準備要為靜心付出那麼多的代價。我希望靜心能夠造福我的政治競爭。我已經從政二十年了，卻還沒成為州長。」

所以，這個人無法靜心。靜心並不是一種在任何土壤上都可以成長的東西。它需要一個基本的了解；而且這個改變需要是徹底而根本的。它需要一個新的土壤，讓它能夠在其中成長；它需要一個全新的完整型態。

一個靜心者會很自然地、不費力地慢下來。不是因為他練習慢下來。一個需要練習的東西從來不是真的；那是人造的、強制性的。避免需要練習的事情，它們頂多只能用來表演，它們不是真的。唯有真實才會帶來自由。

靜心者會自然而然地慢下來──不是因為他試著慢下來，而是因為沒有任何地方需要到達。也沒有什麼事情需要達成，他不需要成為某種特定的樣子，這個「成為」什麼的慾望已經消失。當這個「成為」什麼的慾望消失時，存在就出現了。而存在是緩慢的、非攻擊性的、不匆忙的。

這麼一來，你可以全然地品嘗每個片刻的滋味，你可以待在這個當下；否則，你總是這麼地匆忙，以致於你無法看到事情本然的樣子。你的眼睛總是專注在遙遠的目標、遙遠的星星上；你所注視的是那裡。

我聽過一則古老的故事，它發生在希臘。曾經有一位當時最偉大而又有名的占星家掉到井裡。因為他在晚上研究星相，他走在路上時，忘了路邊有一個井而掉了進去。他掉下去的聲音以及他的哭泣聲……讓一個住在附近茅屋的老婦人出來幫助他爬出那個井。他非常地高興，他說：「你救了我一條命！你知道我是誰嗎？我是皇家占星師，我的收費非常高，甚至國王來找我諮詢都要等好幾個月。但是我會為妳預言未來。你明天到我家來，我不會收你任何費用。」

老婦人笑著說：「算了吧！你甚至看不到兩呎之內的事情，你要怎麼看到我的未來呢？」

在這個地球上，數以千萬的人們正處於這種情境裡。他們看不到現存的事物；他們執著於事情應該如何才對。人類所有的執著當中，最令人痛苦的就是「事情應該如何才對」。那是一種瘋狂。

真正健康的人不會關心事情應該如何。他只關心當下的事，現存的事。你會很驚訝的知道，如果你進入這個當下，你會在其中找到「最終」。如果你進入這個當下現存的事情，你會在其中發現遠方的星星。如果你進入這個當下片刻，整個永恆就在你的手裡。如果你知道了自己的本性，你就不會有那個該「成為什麼」的問題。因為所有你能夠想像自己應該要成為的樣子，你已經就是了。

你是一個遺忘了自己是誰的神。你是一個在睡夢中夢見自己成為乞丐的國王。現在，這個夢中的乞丐試圖要變成國王，他竭盡力氣要變成國王，然而他唯一需要的就是醒過來！當我說「醒過來」的時候，你能夠從哪裡醒來呢？從未來嗎？從過去嗎？過去已然不在了，未來尚未來臨——你能夠從哪裡醒過來呢？你只能從此刻醒來，你也只能夠從此地醒過來。這是唯一存在的片刻。這是唯一存在的真實。這是唯一一個一直存在，並且也將繼續存在的真實。

改變你那個「我應該有所成就」的根本哲學。放鬆在你的存在裡。不需要有任何理想，不要試圖從自己身上製造出什麼，也不要試圖改善自己。你本然的樣子就是完美的。帶著你所有的不完美，你是完美的。如果你是不完美的，那就是最完美的不完美，而其中有著完美。

一旦你領悟到這點之後，哪來的匆忙呢？哪來的擔心呢？你已經慢下來了。然後你會在清晨毫無目的地漫步著。你可以享受每一棵樹，每一道陽光，每一隻鳥兒以及身旁經過的每一個人。

修靈性智慧 5

名望、財富與野心 *Fame,Fortune, and Ambition*

者 奧修 OSHO
者 Zahir
輯顧問 舞鶴
任編輯 林秀梅

總編輯 林秀梅
輯總監 劉麗真
經理 陳逸瑛
行人 凃玉雲
版 麥田出版
台北市104民生東路二段141號5樓
電話：(886)2-2500-7696 傳真：(886)2-2500-1966、2500-1967
行 英屬蓋曼群島商家庭傳媒股份有限公司城邦分公司
104台北市民生東路二段141號11樓
書虫客服服務專線：(886)2-2500-7718、2500-7719
24小時傳真服務：(886)2-2500-1990、2500-1991
服務時間：週一至週五09:30-12:00・13:30-17:00
郵撥帳號：19863813 戶名：書虫股份有限公司
讀者服務信箱E-mail：service@readingclub.com.tw
麥田部落格：http://ryefield.pixnet.net/blog
麥田出版Facebook：https://www.facebook.com/RyeField.Cite/
港發行所 城邦(香港)出版集團有限公司
香港灣仔駱克道193號東超商業中心1/F
電話：852-2508 6231 傳真：852-2578 9337
新發行所 城邦(馬新)出版集團〔Cite (M) Sdn Bhd.〕
41-3, Jalan Radin Anum, Bandar Baru Sri Petaling,
57000 Kuala Lumpur, Malaysia.
電話: (603) 9056 3833 傳真: (603) 9057 6622
E-mail：services@cite.my

計 黃瑪琍
版 宸遠彩藝有限公司
刷 鴻友數位股份有限公司

版一刷 2011年11月01日 Printed in Taiwan.
版一刷 2022年01月04日
價／380元

BN 978-626-310-154-8
9786263101555 (EPUB)

邦讀書花園
w.cite.com.tw

國家圖書館出版品預行編目資料

名望,財富與野心:「成功」真正的意義是什麼?/奧修(OSHO)作；Zahir譯. -- 二版. -- 臺北市：麥田出版：英屬蓋曼群島商家庭傳媒股份有限公司城邦分公司發行, 2022.01
面； 公分. --(奧修靈性智慧；5)
譯自：Fame, Fortune, and Ambition : what is the real meaning of success?
ISBN 978-626-310-154-8(平裝)
1. 靈修 2. 成功法
192.1 110019416